Ingeborg Steiner

So spricht die Seele durch die Füße

VERLAG PETER ERD · MÜNCHEN

Die Deutsche Bibliothek – CIP-Einheitsaufnahme

Steiner, Ingeborg:
So spricht die Seele durch die Füße / Ingeborg Steiner.
– Neuaufl. –

Umwelthinweis:
Alle bedruckten Materialien dieses Buches sind
chlorfrei und umweltfreundlich.

11. Auflage 2003
Umschlaggestaltung: Gabriele Feigl
Umschlagillustration und Grafiken: Kurt Steiner

Satz: vwi typo, Herrsching

ISBN 3-8138-0382-1

Inhalt

Vorwort

Dieses Buch ist entstanden, weil ich hoffe, daß immer mehr Menschen erkennen, daß das körperliche Befinden mit dem seelischen Zustand in Zusammenhang steht, und daß diese Erkenntnis auch im Alltag berücksichtigt wird. Viele Krankheiten und seelische Nöte könnten verhindert oder zumindest gelindert werden, wenn man sich seinen Mitmenschen in liebevoller Weise zuwendet.

Eine wunderbare Methode, anderen zu helfen, ist die Fußmassage. Ich würde mir wünschen, daß Eltern ihr neugeborenes Kind durch sanftes Streicheln der Füße aus dem Geburtstrauma erlösen und daß sie auch später, wenn der Säugling seinem Unbehagen durch Schreien Ausdruck verleiht, zunächst eine Fußmassage machen, um zu erspüren, was dem Kind fehlt. So können sie helfen, statt in Panik zu geraten, und sie werden rasch erkennen, ob ihr Kind ernsthaft krank ist und ein Arzt zu Rate gezogen werden muß.

Viele Menschen könnten die körperlichen und seelischen Leiden ihrer Partner erkennen, wenn sie aufmerksamer und warmherziger wären. Oft trägt ein Gespräch nicht unbedingt zur Klärung der Situation bei, aber eine liebevolle Berührung der Schultern oder Füße kann Verspannungen – psychische wie physische – lösen, Schmerzen lindern und eine offene Atmosphäre schaffen. Nach einer Massage werden sich beide – der Behandelnde und der Behandelte – besser fühlen, und oft werden dadurch die Probleme ins rechte Licht gerückt und verlieren ihren bedrohlichen Charakter. Tröstende Worte klingen nicht mehr hohl, und die Beziehung gewinnt eine neue Dimension.

Häufig haben ältere Menschen nichts anderes im Sinn, als ihren Lebensabend zu genießen, ohne sich um die Belange ihrer Mitmenschen zu kümmern. Ihr Dasein wird immer leerer und einsamer, und bei einem Gespräch jammern sie nur über ihre

Wehwehchen. Um wieviel zufriedener könnten sie abends einschlafen, wenn sie die Gewißheit hätten, nur einem einzigen Menschen an diesem Tag Erleichterung verschafft zu haben! Ihr eigenes Leben würde unendlich bereichert werden, wenn sie sich ihren Mitmenschen mit herzlichen Berührungen und Zuwendungen gewidmet hätten.

Unsere wichtigste Aufgabe im Leben sollte sein, den anderen zu helfen, ihre Schwierigkeiten zu überwinden. Die Erfüllung dieser Pflicht nützt nicht nur den anderen, sondern im hohen Maße auch uns selbst. Die Warmherzigkeit, die wir an unsere Mitmenschen verschenken, kommt tausendfach zu uns zurück, und wir haben die Gewißheit, unser Leben nicht vergeudet zu haben.

Nicht nur ausgebildete Therapeuten sind in der Lage, Hilfebedürftigen durch Fußmassagen oder andere Behandlungen Erleichterung zu verschaffen. In diesem Buch finden alle, die wach und einfühlsam mit ihrer Umwelt umgehen wollen, Anregungen. Ich selbst habe es erlebt, um wieviel schöner und reicher das Leben ist, wenn man sich der Familie und den Freunden aufmerksam und liebevoll zuwendet. Es ist möglich, Lichter in die Dunkelheit dieser Welt zu setzen. Mein Bestreben ist es, möglichst viele Menschen davon zu überzeugen, damit diese Dunkelheit bald vollends überwunden wird!

Über die Reflexzonenmassage können wir den ganzen Organismus mit Energie durchfluten. Stauungen lassen sich erfühlen und können gelöst werden. Damit werden die verspannten oder kranken Zonen des Körpers besser durchblutet, und der Regenerationsprozeß beginnt. Die Atmung verbessert sich; der Behandelte kann »aufatmen«, und er wird aufmerksamer für die Informationen, die ihm sein Körper gibt. Dadurch kann er selber viel zu seiner Genesung beitragen.

Der Schmerz wird nicht als Feind betrachtet, sondern als Wegweiser zur Entspannung. Er löst sich auf, sobald die entsprechende Körperzone sich lockert und mit Energie durchströmt wird.

Ebenso wie der körperliche Schmerz kann seelisches Leid, das wir nicht durch Medikamente dämpfen, zum Wohl des Leidenden wirken. Wir müssen nur aufmerksamer auf unseren Körper und unsere Stimmungen achten.

Immer mehr Menschen erkennen, daß sie selbst viel zu ihrem Wohlergehen beitragen können, und sie wenden sich den Naturheilverfahren zu, die nicht mit »chemischen Keulen« in den Organismus eingreifen.

Durch eine Reflexzonentherapie, die von verständnisvollen Gesprächen begleitet wird, kann man Krankheiten vorbeugen, Beschwerden werden gelindert oder geheilt, und der Patient kann den Belastungen des Alltags mit Gelassenheit begegnen.

Natürlich müssen ernsthaft erkrankte Menschen einen Arzt oder einen ausgebildeten Therapeuten konsultieren. Aber warnen möchte ich dennoch vor dem leider allzu weit verbreiteten Medikamentenmißbrauch. Es gibt auch andere Wege, Schmerzen, Erschöpfungszustände, Angst, Depressionen und Mutlosigkeit zu bekämpfen.

Wichtig bei der Reflexzonenarbeit ist, daß man den Menschen als Ganzes betrachtet. Das heißt: man muß erkennen, daß Körper, Seele und Geist immer zusammenwirken und daß sich seelische Erkrankungen auch im Körper manifestieren können. Genauso wichtig ist es, zu wissen, daß die verschiedenen Körperteile und Organe ihre Entsprechung an den Füßen haben. Die Füße sind also die »Spiegelung« des gesamten Organismus. Ein Schnupfen zum Beispiel kann demnach nicht nur über die Nasenhöhle, sondern eben auch über die entsprechenden Reflexzonen behandelt werden. Es ist sogar möglich, daß ein gewöhnlicher Schnupfen einen bestimmten Seelenzustand ausdrückt – man ist über etwas »verschnupft«, und dieses Gefühl bricht sich durch Krankheit Bahn.

Als Behandelnder muß man alle Reaktionen des Körpers und der Seele, die meist zu Beginn der Therapie auftreten, genau beobachten. Grund zur Besorgnis bieten solche Reaktionen aber in den meisten Fällen nicht, denn häufig reinigt sich der Körper selbst von schädlichen Auswirkungen. Trotzdem ist Achtsamkeit und Einfühlsamkeit das A und O eines Masseurs. Nur wer aufmerksam ist, kann die Sprache der Seele und des Körpers richtig deuten und geeignete Maßnahmen einleiten.

Wenn man sich dazu entschließt, anderen Menschen durch Reflexzonenmassagen zu helfen, faßt man von Mal zu Mal mehr Vertrauen in die geistigen Heilkräfte, die jeder Mensch nutzen kann, wenn er sich dafür öffnet. In meinen Seminaren versuche ich zu erklären, daß medidatives, ruhiges Arbeiten eine Kraftquelle für alle Beteiligten ist. *Eine gute Arbeit beginnt im Herzen. Wer so für das Wohl anderer strebt, fördert das eigene.* (Maxim Gorki)

In diesem Buch wird kein medizinisches Wissen vermittelt – ich möchte Ihnen nur einen Weg zeigen, wie Sie wohltuend auf Körper und Geist Ihrer Familie und Freunde einwirken können. Ich bin sicher, daß Sie in kürzester Zeit Ihre eigenen geheimnisvollen Schöpferkräfte erkennen und wirksam anwenden können. Dabei wünsche ich Ihnen viel Erfolg.

Ingeborg Steiner

Entstehung der Reflexzonenmassage

Schon seit Menschengedenken zählt die Massage zu den wirksamsten Naturheilverfahren. Man wußte um die wohltuende Wirkung der Berührung und hat diese Therapieform immer weiterentwickelt. Bald erkannte man, daß die Wirkung nicht nur die unmittelbar behandelten Körperregionen betraf, sondern auch andere Körperteile und Organe beeinflußte. Auf dieser Erkenntnis beruht die Reflexzonentherapie.

Schon vor etwa 5000 Jahren wußten die Chinesen, Inder und einige Indianerstämme, daß über die verschiedenen Zonen an den Füßen der ganze Körper behandelt werden kann. Dieses Wissen geriet aber – zumindest in der westlichen Welt – für lange Zeit in Vergessenheit.

Erst am Anfang dieses Jahrhunderts kam die amerikanische Masseurin *Eunice Ingham* wieder darauf zurück. Sie sah die Füße als »Spiegelung« des gesamten Organismus an und arbeitete, indem sie die »Zonentherapie« des Arztes *William Fitzgerald* zugrunde legte, die immer noch gültigen Tafeln der Fußreflexzonen aus.

In Europa hat *Hanne Marquardt* die Idee ihrer amerikanischen Kollegin aufgegriffen und mit Hilfe von medizinisch ausgebildeten Therapeuten zu einer wirksamen Behandlungsmethode entwickelt. *Walter Froneberg* fand noch weitere Details über die Nervenreflexzonen heraus. Durch seine Erkenntnisse kann heute bei dieser Therapieform eine äußerst präzise Arbeit geleistet werden.

Therapiemöglichkeiten

Durch die Reflexzonenarbeit am Fuß kann der ganze Körper regeneriert werden. Barfußgehen könnte einen guten Teil dieser wertvollen Arbeit vollbringen (Tautreten oder Laufen auf Sand). Aber leider ist das in unserem Klima nicht immer möglich. Durch oft gesundheitsgefährdendes Schuhwerk schaden wir nicht nur unseren Füßen, sondern auch dem ganzen Organismus. Verschieden starke Schmerzen am Fuß zeigen uns, welche Reflexzonen – und welche entsprechenden Körperteile – gestört sind und behandelt werden müssen. Über die Reflexzonenarbeit können wir den ganzen Menschen gezielt mit Energie durchfluten. Zudem wird uns »der Boden unter den Füßen« wieder bewußter gemacht. Stauungen lassen sich erfühlen und können gelöst werden. Damit setzt eine wohltuende Durchblutung in den verspannten oder sogar in den kranken Zonen des Körpers ein. Der Regenerationsprozeß beginnt. Die Atmung verbessert sich; der Behandelte kann »aufatmen«! Durch dieses Erleben wird er zur Mitarbeit im Fühlen und damit oft zum Gesund-Werden-Wollen aufgerufen! Der Schmerz wird nicht als Feind betrachtet, sondern als Durchgang zur Gelöstheit – zum Gesunden. Er löst sich auch auf, sobald die entsprechende Zone am Körper entspannt ist. Dies bei gleichbleibendem Druck am Fuß, der auch dort zur Wohltat wird.

Schmerz aber ist der Schrei des Gewebes nach Energiedurchflutung. (Dr. Voll)

Jeder Schmerz ist eng mit seelischen Störungen und Blockaden verbunden. Deshalb ist eine Massagetherapie nicht nur nützlich für körperliche Beschwerden, sondern auch heilsam für die Psyche. Ich denke, daß die Arbeit an den »Wurzeln«, an den Füßen, besonders wirksam für das Wohl eines Menschen ist. Wenn wir die Zusammenhänge zwischen Körper, Seele und Geist richtig verstanden haben, sind wir in der Lage, »wahre Wunder« an unseren Mitmenschen zu vollbringen.

Was ist Krankheit?

Wir können mit jeder Art von Beschwerden zu einem Arzt gehen, der dann die Symptome durch Medikamente bekämpft. Oft sind wir für ein paar Jahre von diesem Leiden »geheilt«, aber es kann auch sein, daß sich immer wieder neue Krankheiten bemerkbar machen, die wir aus Unkenntnis nicht mit den ursprünglichen Beschwerden in Zusammenhang bringen. Viele Menschen sind jedoch in den letzten Jahren hellhörig geworden. Die Erkenntnisse, daß Symptombekämpfung nicht wirklich gesund macht, sondern eben nur momentane Beschwerden lindert, setzt sich immer mehr durch, und man beginnt, nach den Ursachen der Krankheiten zu fragen und sich mit psychischen Hintergründen zu befassen. Einige Krankheiten zwingen uns, Abstand vom Alltag zu nehmen, und bieten uns so Gelegenheit, in uns hineinzuhorchen und unsere Lebenssituation neu zu überdenken.

Viele Menschen – gerade Krebskranke – gestehen, daß ihr Leben erst in der Konfrontation mit dem Tod einen wirklichen Sinn bekam, weil ihnen in dieser Situation erst die eigentlichen Werte des Daseins bewußt geworden sind. Nicht wenige fanden gerade in den letzten beschwerlichen Augenblicken ihres Lebens neue kreative Möglichkeiten, die sie mit Glück erfüllten.

Krankheit und Schmerz sind der bittere Trank, mit dem der Arzt in uns das kranke »Ich« heilt. (Kahlil Gibran)

Viele von uns haben diese uralte Weisheit vergessen und dadurch den Glauben an das Leben und die Verbundenheit mit dem Göttlichen verloren. Aber tief in unserem Inneren hat sich das Wissen um diese Dinge erhalten, und der Arzt in uns wirkt zu unserem Wohl. Vielleicht besinnen wir uns gerade durch eine Krankheit wieder auf die göttlichen Gesetze.

Wenn wir uns entschlossen haben, die Sprache des Körpers besser zu verstehen, können wir auch unseren Mitmenschen helfen, ihre Leiden zu überwinden.

Fußreflexzonen-Hilfe

Bei der Fußreflexzonentherapie ist es, wie schon beschrieben, sehr wichtig, daß man mit dem zu Behandelnden liebevoll und aufmerksam umgeht und die Zeichen, die der Körper uns gibt, richtig deutet.

Auch bei der Fußmassage können wir – ebenso wie bei der Behandlung durch Pflanzen – Körper, Geist und Seele harmonisieren.

Die Füße sind sozusagen unsere Wurzeln, durch die wir Energien aufnehmen, die sich dann im ganzen Körper verteilen und an den Schwachstellen für einen Kräfteausgleich sorgen. Beim Barfußgehen erhalten wir diese Energien direkt aus dem Boden, bei der Massage wird sie von der Hand des Therapeuten aktiviert.

Im folgenden möchte ich darstellen, was die Beschaffenheit der Füße über die Gesundheit und die Gemütsverfassung des Patienten verrät.

Sichtbefund

Erfahrene Fußmasseure erkennen schon auf den ersten Blick, »wo der Schuh drückt«. Diese Redensart ist sehr treffend, obwohl wir sie oft anwenden, ohne uns Gedanken über den tieferen Sinn zu machen.

Natürlich kann unbequemes und ungesundes Schuhwerk tatsächlich Druckstellen, Hautverhornungen oder Hühneraugen verursachen, aber es gibt auch andere Zonen an den Füßen, die ohne äußere Einwirkung auffällig sind. An diesen Stellen kann man erkennen, welche Organe oder Körperteile verspannt oder sogar krank sind.

Jede Energieblockade und jeder Schmerz zeigt sich dem aufmerksamen Betrachter: Verhornungen oder blasse, nicht genügend durchblutete Stellen weisen auf mangelnde Gelöstheit und behinderten Energiefluß hin.

Hautrötungen verraten uns, daß der Patient mit gesteigerter innerer Erregung zum kämpfen hat.

Ein Mensch, der sich seiner Umwelt immer fröhlich und gelöst präsentiert, muß nicht immer auch vom Wesen her so entspannt sein. Vielleicht ist er von frühester Jugend an durch die Erziehung gezwungen worden, seine wahren Gefühle nicht offen zu zeigen. Auch solche »Verstellungen« kann man an den Füßen erkennen.

Jede Linie auf den Fußsohlen – wie die Linien auf den Handflächen – sagt etwas über den Charakter, die Gemütsverfassung und die angeborenen Anlagen aus. Sie sehen also, wie wichtig es ist, jedes Detail genau zu betrachten und zu interpretieren.

Nicht nur die Füße selbst, sondern schon die Körperhaltung und die Proportionen weisen auf vieles hin: Man sieht zum Beispiel am Rücken und an den Knien, welche Körperseite mehr belastet ist, ob der Mensch selbstbewußt ist oder sich lieber »klein machen« will.

Die Größe der Füße im Verhältnis zum Rest des Körpers hat auch eine bestimmte Aussagekraft: So ist zum Beispiel ein großer Mensch mit schmalen Füßen wahrscheinlich zu wenig erdverbunden und nicht unbedingt belastbar. Ein kleiner Mensch mit großen Füßen kann hingegen seine Kapazitäten nicht ausreichend nutzen. Der Unterschied zwischen den beiden Füßen gibt einen Hinweis darauf, ob ein Mensch zu Wutanfällen neigt oder ob er sich eher bei einer Auseinandersetzung still verhält und sich gekränkt zurückzieht.

Leber-Gallenseite, also rechter Fuß, zeigen eher extrovertiertes Verhalten.

Herz-Bauchspeicheldrüse-Milzseite, also linker Fuß, sprechen für den Introvertierten.

Durch ein Lösen dieser eingefahrenen Muster entsteht ein Ausgleich nach wenigen Behandlungen. Der Wütende wird etwas gelassener, kann seine Kraft für Positiveres einsetzen.

Der leicht verletzbare Mensch getraut sich eher, seinen Standpunkt zu vertreten. Dadurch wachsen auch seine Kräfte. Interessant ist sicher, daß der Extrovertierte auch den Schmerz am Fuß intensiver erlebt, während der Introvertierte manchmal im ersten Moment gar nicht viel spürt, obwohl vom Sichtbefund her etwas nicht stimmen kann.

Wie innen – so außen.

Hochgezogene oder hängende Schultern drücken Angst oder Hoffnungslosigkeit aus. Ein schleppender oder beschwingter Gang verrät die augenblickliche Gemütsverfassung oder die gesamte Lebenseinstellung.

Diese Beispiele sollen Ihnen zeigen, welcher Art die Informationen sind, die Sie durch die Füße erhalten können. Natürlich gibt es noch eine Menge mehr, die Sie dann später, anhand der Tafeln, kennenlernen werden. Es drücken sich also nicht nur organische Anomalitäten oder Beschwerden in den Füßen aus, sondern Charaktereigenschaften und Verhaltensweisen werden ebenso sichtbar.

Wenn man nun den Menschen als Ganzes betrachtet und weiß, daß sich Gemütsverfassungen auch in körperlichen Leiden niederschlagen können, wird klar, daß mit einer physischen Behandlung auch immer die Seele behandelt wird.

Am wichtigsten bei der Reflexzonenmassage ist das Erkennen der Krankheitsursache. Das heißt, daß wir genau analysieren müssen, welche seelische Disharmonie sich in einem körperlichen Unbehagen (wie Müdigkeit, Kopfdruck und ähnliches) oder in einer ernsteren organischen Krankheit manifestiert hat. Wenn wir lediglich die physischen Beschwerden beachten und therapieren, betreiben wir nur Symptombehandlung, und das Leiden wird immer wieder – manchmal auch in verschiedenen Ausdrucksformen – auftreten. Damit wäre das Ziel, Körper, Geist und Seele zu harmonisieren, verfehlt. Sprichwörter, die sich im Volksmund niedergeschlagen haben, helfen uns, die Sprache des Körpers besser zu verstehen, auch wenn wir sie oft benutzen, ohne genauer darüber nachzudenken. Bei der Fußarbeit können uns solche Sprüche nützen, denn dadurch finden wir den Kern der Beschwerden heraus.

Organsprache im Volksmund

Kopf	Es gibt Leute, die wollen mit dem Kopf durch die Wand. Andere sind dickköpfig, handeln kopflos oder »zerbrechen« sich sogar den Kopf!
Augen	Wir können blind sein vor ungeweinten Tränen oder sehen den Tatsachen ins Auge. Wir sind weitsichtig – oder kurzsichtig.
Ohren	Haben wir ein offenes Ohr? Schenken wir andern Gehör? Sind wir ganz Ohr?
Nase	Es gibt Leute, die wir nicht riechen können. Manche haben auch die Nase voll.
Zähne	Es gibt Sachen, an denen wir uns die Zähne ausbeißen können.
Hals	Ein stolzer Nacken. Oder unbeugsam wie ein Held. Hartnäckig!
Schilddrüse	Es gibt Dinge, die jemand nicht schlucken kann. Sag's, sonst gibt's einen Kropf!
Schultern	Es gibt Menschen, die ihr Kreuz tapfer tragen. Andere laufen mit hängenden Schultern durch die Welt.
Rücken	Die Probleme haben sie oder ihn gebrochen. Der Gram hat sie gebeugt.
Herz	Das Herz kann einem vor Glück zerspringen. Das Leid hat ihm oder ihr das Herz gebrochen. Das Herz kann einem weh tun, wenn man nur an das Elend denkt.

Magen	Diese Aufgabe liegt mir im (auf dem) Magen. Schon bei dem Gedanken zieht sich der Magen zusammen. Der Magen dreht sich einem um.
Leber	Jemandem ist eine Laus über die Leber gelaufen.
Gallenblase	Die Galle kommt einem hoch, wenn man nur daran denkt. Es gibt Menschen, die sind grün und gelb vor Neid, rot vor Wut, grau vor Gram, oder weiß vor Schreck.
Nieren	Das Erlebnis geht mir an die Nieren.
Gelenke	Der Schreck ist uns in die Glieder gefahren.
Haut	Das Elend geht einem unter die Haut. Aus der Haut fahren. Dickhäutig sein.
Füße	Mit beiden Beinen auf dem Boden stehen. Auf großem Fuß leben.

Organsprache bei Schmerzen und Beschwerden

Kopf	Übertonung des Verstandes und eigenen Willens
Schilddrüse	Nicht-Geschlucktes schnürt den Hals ab
Schultern	Sein Kreuz niedergedrückt tragen
Herz	Emotionen aufnehmen
Lunge	Traurigkeit – Hoffnungslosigkeit
Leber, Gallenblase	Ärger und Zorn
Magen	Belastungen festhalten
Bauchspeicheldrüse	Angriffe einstecken und grübeln
Nieren, Blase	Angst, auch vor Liebesverlust
Darm	unverdaute Probleme
Wirbelsäule	Tragfähigkeit um jeden Preis
Knie, Gelenke	Gefühle verdrängen
Genitalien	Partnerprobleme

Die Reflexzonen als Spiegel des Körpers

Grundsätzlich ist, wie schon gesagt, bei einer Fußreflexzonen-Behandlung jeder Körperteil und jedes Organ beeinflußbar. Um ein Beispiel zu nennen: Ein gerötetes, entzündetes Auge kann über die Füße mit Energie versorgt und sogar geheilt werden. Die Durchblutung wird angeregt, dadurch werden Schlacken abtransportiert, und der Körper aktiviert die selbstheilenden Kräfte.

Die folgenden Abbildungen zeigen Ihnen, über welche Fußregionen Sie die einzelnen Körperteile erreichen können. Auf den ersten Blick könnten Ihnen diese Tafeln ein wenig verwirrend vorkommen, Sie dürfen aber sicher sein, daß Sie sich rasch damit zurechtfinden. Dabei setze ich voraus, daß Sie wissen, wo sich die Organe im Körper befinden und was sie für Funktionen haben. Dann können Sie sinngemäß arbeiten. Wenn Sie Ihren Patienten aufmerksam beobachten und auf ihre Intuition bauen, wird Ihnen bald klar sein, welche Behandlung Nutzen bringt und wie Sie die Verspannungen und Energieblockaden lösen können.

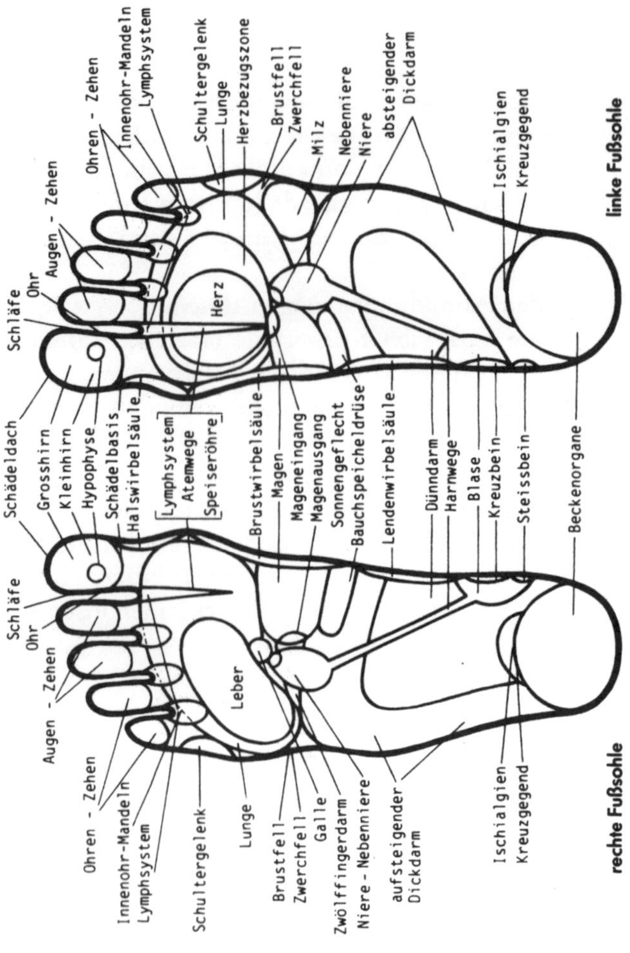

Abb. 1: Gesetzmäßigkeiten des menschlichen Körpers im Fuß

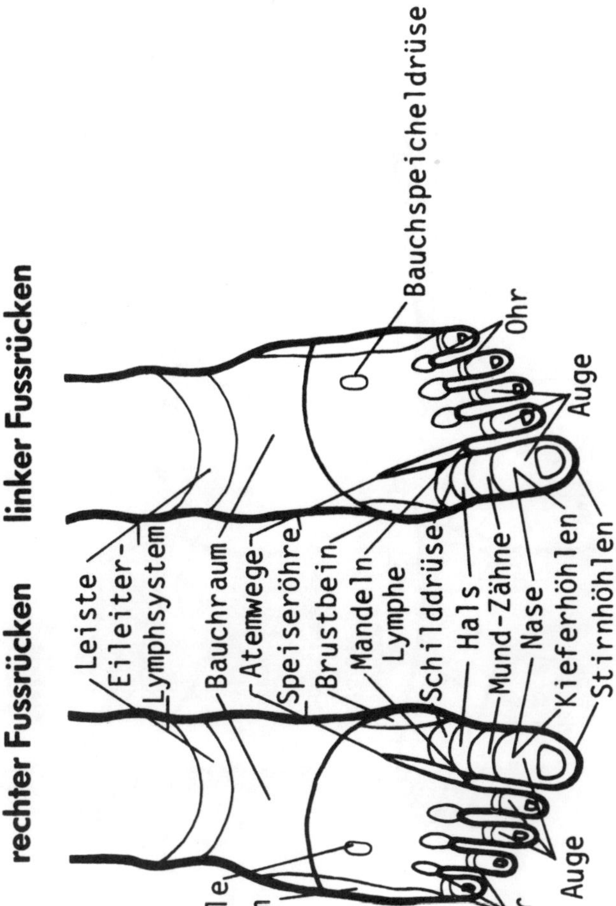

Abb. 2: Reflexzonen der Füße

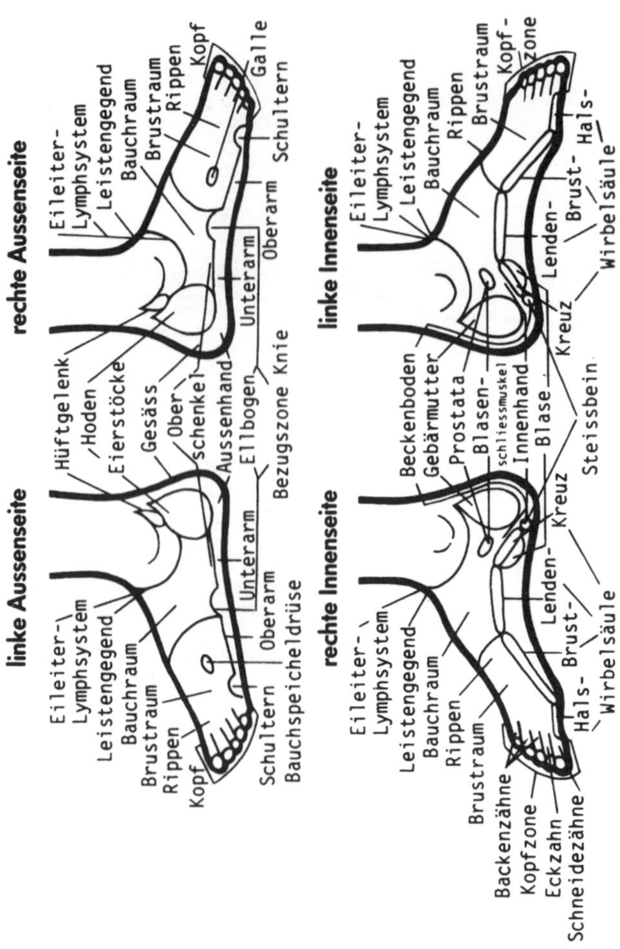

Abb. 3: Reflexzonen der Füße

Die praktische Behandlung

Im Behandlungsraum sollte eine angenehme, ruhige Atmosphäre herrschen.

Die Unterlage, auf die sich der Patient legt, darf nicht zu weich sein. Am besten eignet sich eine Liege mit durchgehender Matratze oder eine Matte auf dem Boden.

Der Patient sollte lockere Kleidung tragen, die ihn nicht beengt und die Zirkulation behindert (enge Hosen, Büstenhalter oder Gürtel müssen gelockert werden). Der Rücken soll Kontakt mit der Unterlage haben. Die Schulterblätter sind wie Flügel, die geöffnet werden. Darunter sitzt sehr oft viel seelischer Schmerz, der sich körperlich manifestiert.

Wenn wir sanft über die Arme und Hände streifen, sie so ablegen, wie es sich ergibt, fließt schon viel unnötige Spannung ab. Die Ellenbogen helfen besonders dabei, ebenso die Fingerspitzen.

Der Kopf und damit die Wirbelsäule werden behutsam gezogen, von der Schädelbasis aus, so daß ein langer Nacken entsteht. Damit läßt sich der Atem meist schon bis in den Bauchraum ausbreiten. Die Haare helfen ableitend, das »Zuviel« loszulassen. Die erste Entspannung setzt ein. Wenn sich der Patient unwohl fühlt oder Schmerzen, die besonders in der Schulter oder Nackengegend auftreten können, verspürt, können Sie durch ein Kissen Abhilfe schaffen. Es ist wichtig, daß sich der zu Behandelnde behaglich und locker fühlt.

Die Knie nicht durchhängen, sondern sie sollten mit einer Rolle abgestützt sein.

Danach betrachten Sie sich die Füße genau. Suchen Sie nach Anzeichen, die Ihnen etwas über die körperliche und seelische Verfassung verraten können. Seien Sie sich immer bewußt, daß Sie durch die Fußmassage die Energien verstärken und in den Organismus eingreifen können. Wenn Sie aufmerksam und liebevoll vorgehen, können Sie auch auf Ihre Intuition vertrauen.

Es ist wichtig, mit dem rechten Fuß zu beginnen, um nicht zu direkt die Herzseite zu berühren. Wechseln Sie aber nicht zu schnell zum anderen über. Üben Sie einen ruhigen Druck auf die verschiedenen Fußzonen aus. So geben Sie einen gezielten Impuls an die entsprechende Körperstelle. Behandeln Sie einen Punkt möglichst lange, damit Sie sichergehen können, daß die gewünschte Wirkung erzielt wird. Wenn sich der Schmerz verflüchtigt, Verspannungen gelöst sind und der Patient Wohlgefühl empfindet, haben Sie Ihr Ziel erreicht.

Möglicher Behandlungsablauf

1. Lagerung – Kontaktnahme – Sehen – Fühlen – Vertrauen wecken.
2. Zuerst rechten, dann linken Großzehen im Grundgelenk langsam nach rechts und links kreisen.
3. Nacken am Großzehen frei machen – Hypophyse sedieren – Kopfzonen bis in den Schulterrand durcharbeiten. Alle Zehen bis ins Lymphsystem am Fußrücken massieren.
4. Halswirbelsäule in Richtung Schultergelenk lösen und über den ganzen Schulterraum bis in Arme und Hände auf den Außenseiten der Füße weiterarbeiten.
5. Wirbelsäule am inneren Fußknochen erfühlen, dann so breitflächig wie möglich die Spannungen neben der Wirbelsäule mit ruhigem klaren Druck auflösen.
6. Am rechten Fuß – Lunge – Leber – Gallenblase – Brustzonen – Atemwege – Arm – Ellenbogen – Unterarm und Hand durcharbeiten.
7. Am linken Fuß – Lunge – Milz – Herzzonen – Brustzonen – Arm – Ellenbogen – Unterarm und an der Hand sorgfältig in den Energiefluß bringen.
8. Magen – Sonnengeflecht – Bauchspeicheldrüse an den Fußsohlen rechts und links möglichst gleichzeitigen Druck geben.

9. Niere – Harnweg – Blase in Fluß bringen. Beim Schließmuskel entspannen (wieder beidseitig)
10. Darmgebiet anregend massieren, entsprechend dem Darmverlauf.
11. Unterleibsorgane rund um den Knöchel, rechts und links.
12. Knie – Oberschenkel – Hüftgelenk – Gesäß – Beckenboden – an den Außenkanten der Füße. Auf dem Fußrücken den unteren Bauchraum und die Leistengegend zum Bein hin feinfühlend bearbeiten.

Besonders schmerzhafte Zonen nochmals erfassen. Sorgfältig beide Fersen umfassen und mit dem Atemrhythmus sanft ziehen.

Ausführlicher Behandlungsablauf der Reflexzonenarbeit am Fuß

1. Kontakte aufnehmen mit den Füßen des zu Behandelnden. Sanft darüberstreichen und die Anzeichen aufmerksam betrachten.
2. Sicht- und Farbkontrolle. Besondere Belastungen von Organen oder Körperstellen lassen sich über die Hornhaut erkennen. Feststellen, was der Patient besonders braucht. Zartere oder festere Behandlungen zum Beispiel. Sind die Füße feucht oder trocken, bedeutet das Nerven- oder Schilddrüsenbelastung. An der Temperatur erkennt man bessere oder schlechtere Durchblutung im Kreuz. Passen sie zum Körper oder zeigt sich eine Diskrepanz, zum Beispiel kleine Füße bei einem großen Menschen oder umgekehrt. Das heißt dann vorsichtig arbeiten, um nicht zu viel auf einmal auszulösen.
3. Sanftes, *langsames* Kopfkreisen am Fuß, zuerst rechts über die große Zehe. Rechts- und linksseitig. Dadurch lösen sich Spannungen im Hals-Nackenbereich und es erfolgt eine erste

Durchblutung des Kopfes. Wird zu schnell gekreist, kann dem Patienten schwindlig werden.

4. Klares Erfühlen der Halswirbelsäule am Fuß mit dem Daumen und damit Prüfen der Wirbelkörper durch bestimmten, relativ starken Druck. Suchen, ob ein Wirbelkörper, analog zur wirklichen Halswirbelsäule, aus der Reihe tanzt. Hier kann sie gefahrlos geordnet werden. Allerdings wird der Schmerz sehr intensiv sein! Wichtig ist die Ausrichtung von der Kante des Zehengrundgelenkes der *Fußsohle* in Richtung *Außenkante* des Fußes. Weiter verstärken wir das Fließen der Energien in Richtung Armzonen durch Entstauung des Schulterraumes an den Grundgelenken sämtlicher Zehen. Anschließend den ganzen Arm beleben – an der Außenseite des Fußes mit Daumen und Zeigefinger recht breitflächig von der kleinsten Zehe an bis zur Ferse. Das bedeutet Durchblutung des Körpers von Kopf über die Hüfte bis zum Fuß.
5. Lösung der durch den Engpaß des Halses oft schmerzhaft verspannten Schädelbasis in Richtung Hypophyse, dem Mittelpunkt der Spirale auf der Unterseite der großen Zehe. Sanften Druck verstärken und damit die Hormonsituation ausgleichen. Ein stechender Schmerz gleich einem Nadelstich zeigt an, daß die Oberaufsicht über die Drüsenarbeit Schwierigkeiten bereitet. Diese ist zum Teil bedingt durch Schulterverspannungen, die ihre Ursache sowohl im Körperlichen wie im Seelischen haben können. Kopfzonen an den Zehen durcharbeiten. Auf den härteren Stellen mit Widerstand länger sanften Druck ausüben, bis der Schmerz verschwindet.
6. Gut einfühlen in die Spannungen des Gesichtes auf der Oberseite der großen Zehen und konsequent, aber ruhig durcharbeiten. Mit zwei Fingern von jeder Seite der Zehen, Stirn, Augen, Nase, Mund und Zähne bis zur Schilddrüse durch Druck durchbluten. Bei Stirn- und Kieferhöhlenvereiterun-

gen besonders ausgiebig arbeiten bis in die Ohrenzonen, um eine gute Reinigung aller Nebenhöhlen und auch der Zahnwurzeln zu erreichen. Dies geschieht über alle Zehen.

Unterhalb der breitesten Stelle der großen Zehe, der Ohren, befinden sich die Mandeln, die meist besonders dankbar für eine gute Durchblutung sind. Damit wird auch das Lymphsystem angesprochen, mit gutem Lösen tief in den Graben zwischen der großen und der ersten kleinen Zehe. Dort liegen im Bereich der oft verschleimten Bronchien und der Thymus-Drüse auch die seelischen Belastungen im Brustraum.

Also sanft eindringen, um nicht zu große Emotionen auszulösen. Alle Zehen gleich behandeln, gut durchdringend auf allen Seiten mit leichtem Zug. Besonders vorsichtig bei den zwei Augenzehen, bei Netzhautablösung oder empfindlichen Augen.

Zwischen den zwei kleinsten Zehen erreichen wir nochmals im Detail das Innenohr mit Gleichgewichtsorgan und ebenso die Mandeln mit Zugang über den Hals in den Schulterraum. Überall auf den ersten Gelenken sind die Zähne zu finden, Weisheitszähne an den kleinsten Zehen.

Es folgen die Backenzähne, Eckzähne an der zweiten Zehe und Schneidezähne besonders an der großen Zehe. Die große Zehe beinhaltet außerdem alle Zähne. Großräumiges Ausstreichen der Zehenansätze zur Entlastung der Lymphe wirkt wohltuend.

7. Mit sanftem Streichen Verbindung schaffen über die ganze Oberseite des Fußes zum Rist hin und rund um die Knöchel innen und außen zum Bein. Damit wird die ganze Vorderseite des Körpers bis zum Lymphsystem in der Leiste angesprochen und damit gereinigt.
8. An der inneren Knochenkante des Fußes die Wirbelsäule erfühlen und mit klarem Druck des Daumens, vom Mittelgelenk her, nach der Fußinnenseite, die Nervenaustrittstellen befreien, wo nötig. Durch Kippen des Daumens mit dem

Vorderteil die Muskelverspannungen im Fuß und damit auch im Rücken lösen. So ist es möglich, mindestens zehn Zentimeter breit auf jeder Wirbelsäulenseite bessere Durchblutung und entsprechend wohliges Wärmegefühl zu entwickeln. Besondere Betonung braucht die Rundung der Lendenwirbel und des Kreuzbeines unterhalb der inneren Knöchel. Zuletzt bewußten Druck möglichst beidseitig auf das Steißbein mit Beobachtung des Atems, der damit leichter in den unteren Beckenraum fließen kann. Beckenboden am äußersten Fersenrand ringsum entlasten und damit den ganzen Unterleib gefahrlos besser durchbluten, zum Beispiel auch bei Schwangerschaft.

9. Steißbeinbetonung gleicht zuviel Schmerz oder zu viele Emotionen aus. Auch auf Magen und Sonnengeflecht beruhigenden Druck ausüben, beidseitig, klar unterhalb des Fußballens (= Rippen). Eventuell Mageneingang links oder Magenausgang rechts besonders entspannen. Diese Punkte zusammen sind immer eine Hilfe, wenn unerwartete Wirkungen während der Behandlung auftreten! Bauchspeicheldrüse auf dem Mittelfußknochen gut durchbluten, bis der Schmerz am Fuß verschwindet und sich ein entlastetes warmes Magengefühl ausbreitet.
10. Am rechten Fuß Leber und Lunge gut durchmassieren, besonders klaren, ruhigen Druck im Brust-Zwergfellraum, respektive tiefster Leberzone. Gallenblase auf der Oberseite des Fußes hinter der vierten Zehe gut erfassen. Der Punkt in der Mulde ist immer schmerzempfindlich und braucht gutes Durchlassen in den ganzen Körper. Atem beachten! Damit erhält der ganze Gallenmeridian die Möglichkeit gleichmäßiger Energieverteilung.
11. Niere – Harnweg – Blase und Schließmuskel bis unter den inneren Knöchel lösend beeinflussen, von oben nach unten. Die Harnwege von Rückständen reinigen, die oft fühlbar wie kleine Steine und entsprechend schmerzhaft sind.

Am Blaseneingang findet sich oft eine Spannungsstelle, die bei chronischen Beschwerden unangenehm, meist dumpf, schmerzt. Spitzer Schmerz zeugt von akuten Beschwerden.

12. Linke Seite sorgfältig über Magen – Bauchspeicheldrüse – Milz und Lunge in den Herzraum eintasten. Herz ruhig durchbluten. Bei stärkerem Herzklopfen nochmals von den unteren Halswirbeln her entlasten mit gleichmäßigem Druck. Den Magen nochmals beruhigen, bis das Gefühl des »Offenwerdens« den Brustraum beherrscht.

    Dann erneut Herz betonen, aber feinfühlig. Vorsichtig, dieses Organ ist stark mit dem Gefühlsleben verbunden. Niere – Harnweg – Blase – Schließmuskel auch hier beeinflussen und beidseitig breitflächig sanft pressen, um die Körpermitte bis in den Kopf durchlässig werden zu lassen. Ruhig auf den Punkten bleiben und den Atem beobachten.

13. Gutes Massieren der Darmzonen rechts und links im Uhrzeigersinn. Kreuzgegend entspannen mit Verbindung zum Fersenrand (= Beckenboden) wirkt sehr entlastend auch bei Schwangeren. Sanft in die Gebärmutter- oder Hodenzone einfühlen. Narben, Myome und Zysten sind am Widerstand tastbar und können durch bessere Durchblutung meistens nach einigen Behandlungen positiv beeinflußt werden.

    Narben im Körper werden durchlässiger, was sich auf den Allgemeinzustand sehr günstig auswirkt. Sie können die Ursache für vielfältige Schmerzen bis zu Schulterproblemen und Kopfweh sein. Auf der Außenseite des Knöchels sind die Reflexzonen der Eierstöcke oder Samenstränge zu finden. Eventuelle Entzündungen sind am Fuß gut festzustellen und können vor allem durch gezielte Durchblutung des Bauchraumes ausgeschwemmt werden. Das kann sehr unangenehmen Ausfluß zur Folge haben, der nach kurzer Zeit vorbei sein sollte und danach enorme neue Lebenskraft erschließt.

14. Nochmals bestimmtes Durcharbeiten der Außenseiten mit Betonung der Gelenke – Ellenbogen – Knie über die Oberschenkel zum Hüftgelenk und den Händen.

Brust und Bauchraum sanft durcharbeiten auf der Oberseite des Fußes. Großflächiges Ausstreichen zum Unterschenkel hin, je nach Durchlässigkeit und Schmerzempfindlichkeit feiner oder tiefer.

15. Wenn nötig, besondere Schwachstellen nochmals durcharbeiten, bis der Schmerz verschwunden ist.
16. Öffnen der drei Meridiane: Niere – Milz und Pankreas sowie Leber auf der Innenseite der Knie; sanft, aber nachdrücklich, Blasenschließmuskel mit breitflächigem Druck beidseits entspannen.
17. Die großen Zehen ein weiteres Mal durcharbeiten bei Stellen, die noch nicht gelöst sind. Es ist eine Hilfe, sich dabei in Erinnerung zu rufen, wie sehr Kiefer und Schädelbasis auch an der großen Zehe Verbindung zum Beckenraum haben. Also: Zähneknirschen korrespondiert mit Hüftgelenkschmerzen oder Unterleibsproblemen.

Der Mittelteil der großen Zehen ist in Verbindung mit den Organen der Gürtellinie, die Zehenkuppe in Höhe des Nagels mit Brust- und Schulterraum, die Innenkante mit der Wirbelsäule.

18. Da die großen Zehen mit dem Gehirn in Zusammenhang stehen, beeinflußt die Arbeit dort alle Organe und Muskeln. Das behebt besonders sogenannte psychosomatische Schwierigkeiten.
19. Nackengriff um die großen Zehen am Grundgelenk beidseits mit Daumen und Zeigefinger, deutlich unterhalb der Schädelbasis am Fuß. Atem anlocken mit feinem Ziehen und entspannendes Fließenlassen der Lebensenergien. Meridiane an allen Zehen mit sanftem Druck und Zug zum Strömen bringen.

Bei der Massage ist die Einstellung des Behandelnden sehr wichtig. Er muß entspannt sein und sich ganz auf seinen Patienten konzentrieren. Nur dann fühlt er die Schwachpunkte und kann die nötigen Maßnahmen ergreifen. Eigene Gedanken und Probleme dürfen den Therapeuten nicht beschäftigen – das würde ihn zu sehr von seiner Arbeit ablenken. Der Geist muß frei sein, damit der Behandelnde die Energie frei strömen lassen und zum Wohl seines Patienten wirken kann.

Der Abschluß einer jeden Behandlung sollte deshalb immer ein Augenblick der Ruhe und des Geschehenlassens sein. Halten Sie die Hände mit den Handflächen nach innen in fünf bis zehn Zentimeter Abstand außerhalb der Füße des zu Behandelnden, und lassen Sie die Energien eine Weile strömen. Das vermittelt Geborgenheit und wirkt für Körper, Geist und Seele reinigend. Sowohl Sie als auch Ihre Patienten schöpfen in diesen Momenten neue Lebenskraft.

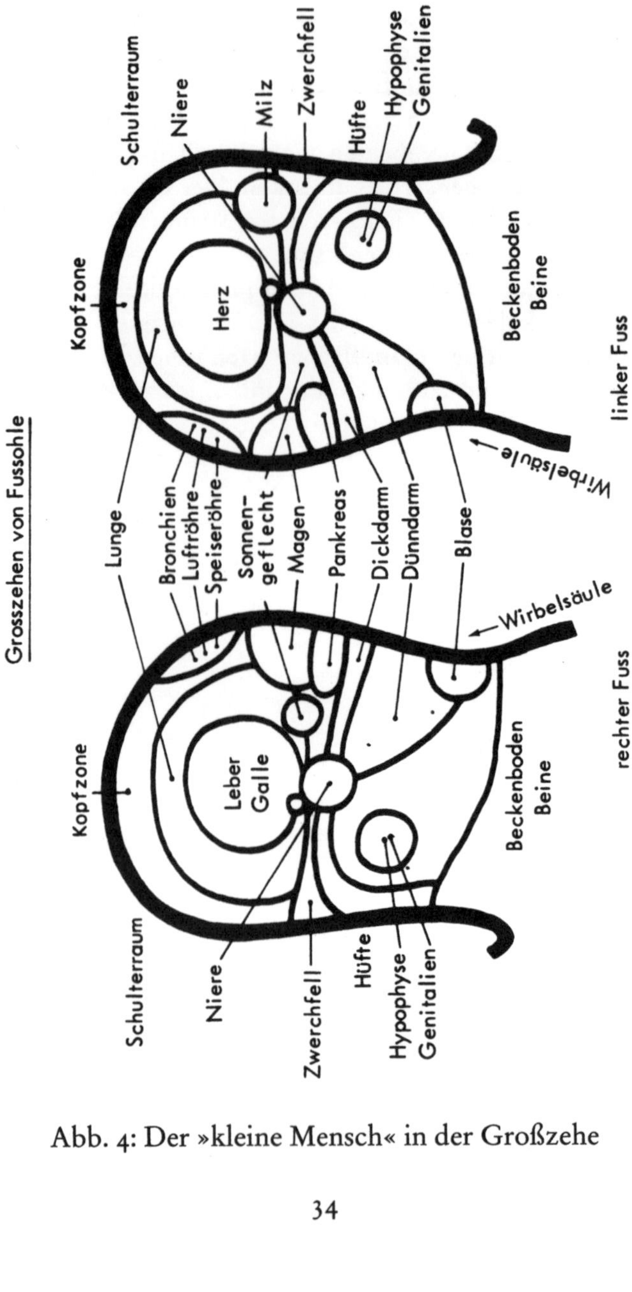

Abb. 4: Der »kleine Mensch« in der Großzehe

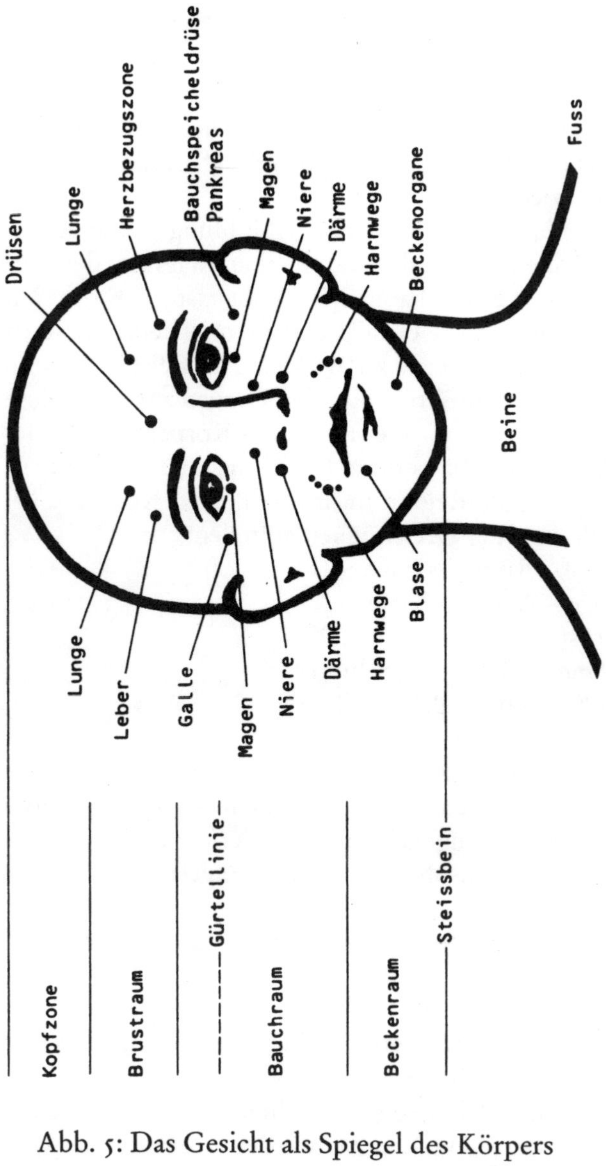

Abb. 5: Das Gesicht als Spiegel des Körpers

Die großen Zehen

Die beiden Abbildungen zeigen, daß sich die Gesetzmäßigkeiten des Lebens im kleinen spiegeln und sich in allen Bereichen immer wieder wiederholen.

Auf dem Gesicht (siehe Abbildung) befinden sich auch Reflexzonen, über die durch eine Massage der Organismus beeinflußt werden kann. Man sieht also, daß das Wunder der Schöpfung in allen Details enthalten ist. Und diese Erkenntnis hilft uns, segensreich zu wirken. Als Beispiel möchte ich die Dreieinigkeit anführen, die allen Dingen zugrunde liegt.

Geist – Seele – Körper

(bei Pflanzen gibt es diese Dreieinigkeit auch: Blüte – Blätter – Wurzeln.) Jede Region im menschlichen Körper läßt sich nach dem Prinzip der Dreieinigkeit aufteilen:

Kopf – Rumpf – Füße
Stirn – Augen – Kiefer
Brust – Bauch – Becken
Hand – Ellbogen – Schulter
Füße – Knie – Becken
Ohren – Nase – Augen

sind eigenständige Reflexzonen, über die wir immer wieder den ganzen Menschen betreuen können. Es sind gleichsam immer neue Absicherungen, damit bei Verletzungen andere Bereiche die Impulse zu den möglichst ungestörten Körperabläufen geben.

Diese Erkenntnisse sind über feinfühliges Behandeln erfahrbar und sollen vor allem helfen, den seelischen Ausgleich zu schaffen. Wenn dann jemand das Wunder der Schöpfung in diesen Details sich wiederholend erahnen kann, dann ist nochmals etwas Wesentliches geschehen.

Auch hier leitet uns der Schmerz zu den »Brennpunkten«. Wenn er dann »verklingt«, werden positive Energien frei. Das heißt wieder – ruhig und bestimmt arbeiten. Reflexe wirklich kommen lassen.

Das Becken ist die Mitte, in der Himmel und Erde, Geist und Materie zusammentreffen. Dort wirkt die Schöpferkraft, und in dieser Region wächst neues Leben – ein Kind. Nach der Yoga-Lehre heißt das »Hara«.

Die großen Zehen spiegeln (ebenso wie das Gesicht), wie die Abbildung zeigt, das Ganze. Von dort aus können wir demnach den gesamten Organismus beeinflussen. Gerade über die Kopfzone (Gehirnzone) können wir die Organe und Muskeln wirksam behandeln, als ob wir an der Schaltstelle einer Maschine sitzen würden. Das Gehirn ist die Zentrale des Organismus, und es steuert sämtliche Körperfunktionen. Wenn wir also an der Kopfzone arbeiten, können wir sozusagen Geist zur Materie wirken lassen. Aus diesem Grund ist die Massage der großen Zehen von entscheidender Bedeutung. (Das Gesicht als Spiegel des Körpers gilt für die obere Seite der Großzehen ebenso.)

Auch der Atem, der ja die Energien im Körper verbreitet, kann über die großen Zehen beeinflußt werden. Indem wir mit beiden Zeigefingern die Zehen an der schmalsten Stelle leicht ziehen, gewährleisten wir einen ungehinderten Atemfluß.

Wenn wir die Zehen mit der ganzen Hand behutsam umfassen und nach oben streichen, können wir negative Kräfte ableiten. Sie sollten als Behandelnder nach der Massage nur immer sorgfältig darauf achten, daß Sie diese Energien, die Sie mit Händen aufgenommen haben, wieder ableiten. Sie können sie zum Beispiel nach der Behandlung eines kranken oder unglücklichen Menschen an den Boden abgeben, indem Sie die Hände einige Zeit flach auf die Erde legen und sich im Geist vorstellen, daß alles, was Sie negativ beeinflussen könnte, aus Ihrem Körper strömt.

Sorgfältiges Händewaschen sollte nach jeder Massage eine Selbstverständlichkeit sein, aber auch bei diesem Vorgang können Sie sich bewußt machen, daß Sie alles Negative mit abwaschen.

Die Halswirbelsäule

Die Halswirbelsäule ist erstaunlich in ihren Verbindungen zum ganzen Körper. Bei guter Arbeit ist es möglich, über die Halswirbel jeden Finger gezielt zu durchbluten.

Also: Von oben nach unten –

1.	Halswirbel	=	Daumen	=	Kopf
2.	Halswirbel	=	Zeigefinger	=	Brustraum
3. + 4.	Halswirbel	=	Mittelfinger	=	Gürtellinie
5.	Halswirbel	=	Ringfinger	=	Bauchraum
6. + 7.	Halswirbel	=	Kleine Finger	=	Beckenraum

Außerdem ist es absolut wichtig, ja entscheidend, daß diese Wirbel durchgängig sind in ihrer Ausstrahlung zu den Nervenbahnen. Die ganze Wirbelsäule ist von dieser Ordnung abhängiger, als wir gewöhnlich denken. Dies ist wohl der Grund, warum ein »Schleudertrauma« so schwerwiegende Folgen sowohl im physischen wie im psychischen Bereich hat.

Am Fuß ist dies leicht übersehbar und völlig ungefährlich zu ordnen, aber sehr schmerzhaft! Die Chance der Heilung ist groß, weil gleichzeitig auch die verspannten Muskeln gelöst werden.

Ist die Halswirbelsäule im Lot, so ist der ganze Mensch im Lot!

BEZUG DER HALSWIRBELSÄULE ZUR WIRBELSÄULE
UND DEN FINGERN

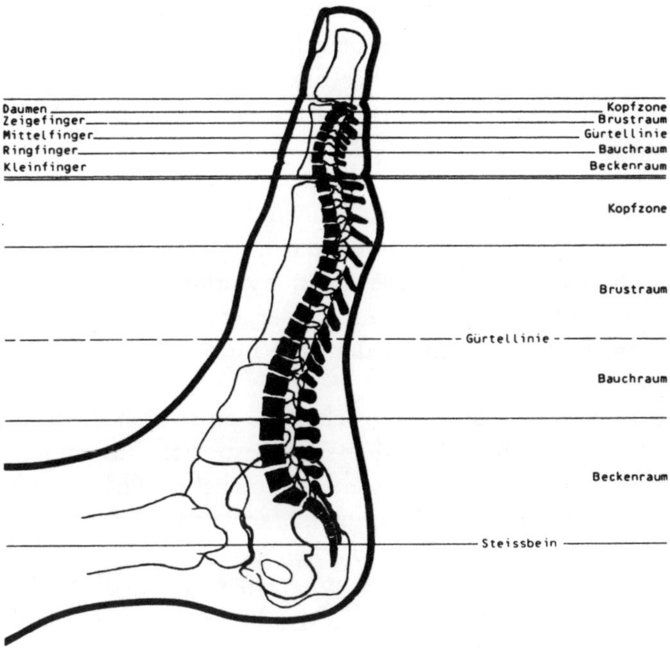

Abb. 6: Gesetzmäßgkeiten der Reflexzonen im menschlichen Körper und Fuß

Die Meridiane

In der chinesischen Medizin sind die Meridiane schon seit alters her bekannt. Bei der Akupunktur und der Akupressur spielt das Wissen um diese unsichtbaren Zonen, die sich über den ganzen Körper ziehen, eine wichtige Rolle. Leider beachtet die Schulmedizin die Erkenntnisse der uralten östlichen Heilkunst nur wenig, sonst würden die Zusammenhänge zwischen Symptomen und tatsächlicher Erkrankung klarer. Man könnte dann das Übel bei der Wurzel fassen und den ganzen Menschen heilen.

Oft haben verschiedene Beschwerden ein und dieselbe Ursache. Um ein Beispiel zu nennen: Ein Patient hat Kopf- und Rückenschmerzen, geschwollene Knie, ist ständig müde, lustlos und oft depressiv. Ursache dieser Symptome ist ein gestörter Blasenmeridian. Wenn man die Energien in dieser Zone durch mehrere Behandlungen wieder zum Fließen bringt, verschwinden auch die Beschwerden.

Inzwischen ist die Wissenschaft schon so weit gediehen, daß die Energieströme (Meridiane) auf speziell aufgenommenen Fotografien (durch die weiterentwickelte Kirlian-Methode) sichtbar gemacht werden können. Man ist also in der Lage, Energieblockaden auch optisch zu erkennen.

Das ist ein Schritt auf dem Weg, wie Glauben zu Wissen und Erfahren wird. – Die subtilen Kräfte der Meridiane verbinden die Organe untereinander wie mit einer Geheimsprache.

Jede Blockade aus Spannungen aber erschwert dieses Zwiegespräch. Der Schmerz als Folge, an der entsprechenden Stelle, wird zum Hilferuf, um die körperliche und seelische Gesundheit zu erhalten.

Solche Blockaden können durch ungesunde Lebensweise (Alkohol, Nikotin, falsche Ernährung) und durch physische und psychische Probleme entstehen. Ein erfahrener Therapeut spürt, daß die Energien nicht ungehindert fließen und leitet Maßnahmen ein, die Erleichterung verschaffen.

Die Erkenntnisse über die Meridiane sind auch für die Reflexzonenmassage von Bedeutung, deshalb lernen wir im folgenden einiges über die Meridiane. Natürlich kann das Thema hier nicht erschöpfend behandelt werden – das ist eine Wissenschaft für sich. Aber wenn Sie sich die Abbildungen genau ansehen, werden Ihnen einige Zusammenhänge klar, die Ihnen bei der Fußmassage von großem Nutzen sein werden.

Yin – Yang sind gleichbedeutend wie:

Schatten – Licht	Erde – Himmel
Frau – Mann	passiv – aktiv
Dunkel – Hell	empfangend – gebend
Mond – Sonne	

Diese Gegenüberstellung ist nicht **wertend!**
Vollkommene Harmonie braucht immer beides.

Yin
Die Yin-Meridiane führen hauptsächlich auf der Vorderseite des Körpers nach oben. Sie haben mit dem weichen schutzbedürftigen Teil des Menschen zu tun. Ihr Energiefluß verbindet Mutter Erde mit Vater Himmel.

Yang
Die Yang-Meridiane stellen das väterliche Prinzip dar. Der Rücken ist härter, abwehrbereiter, bietet den Vorderseiten Schutz und verbindet den Himmel mit der Erde.

Sind alle Meridiane im Einklang, so sind wir körperlich wie seelisch in Harmonie. Sie führen durch beide Seiten des Körpers und erfüllen damit den Ausgleich des Tao – der Polaritäten in Körper und Seele.

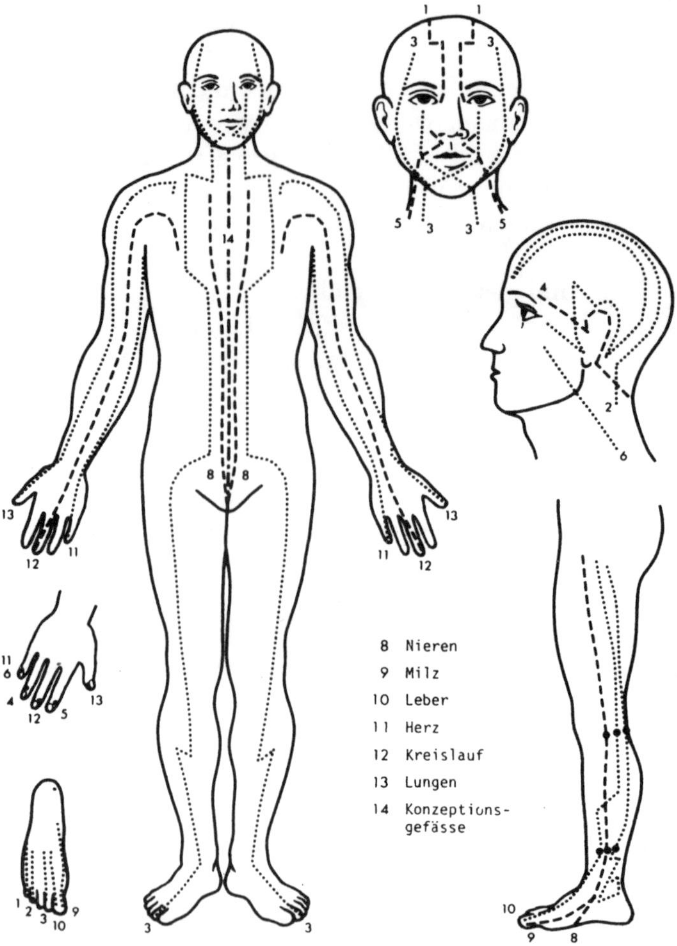

Abb. 7: Yin-Meridiane

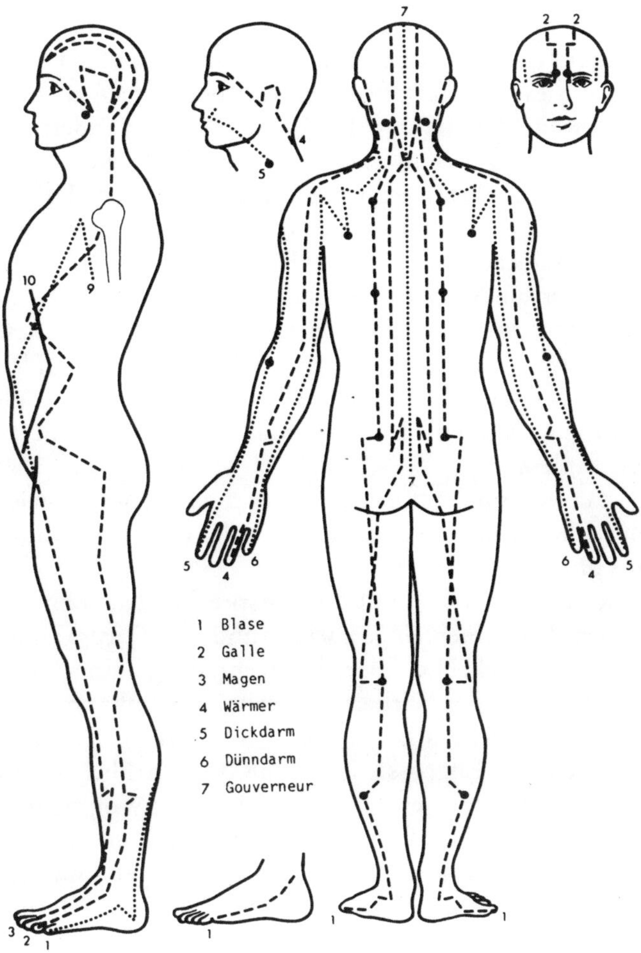

Abb. 8: Yang-Meridiane

Der Blasenmeridian – Yang

Der Blasenmeridian hat nicht nur mit der Blase zu tun, wirkt aber mit ihrer Kraft – je nachdem, wie sie arbeitet. Alle Organe werden mit dieser Kraft verbunden oder bekommen auch zu wenig davon, wenn die Haltung des Rückens das verhindert.

Das Ende dieses Meridians ist von der kleinsten Zehe her erreichbar. Er führt über die äußeren Kanten der Füße, die schmerzen können. Alle Gelenke sind davon betroffen. Um die äußeren Knöchel betrifft es den Hüftbereich, aber auch Knie und Ellenbogen am Mittelfußknochen.

Wir sprechen bei Beschwerden dieser Art von Rheuma. Im Grunde ist es eine Übersäuerung der Zellen, die sich logischerweise in den Gelenken am schnellsten äußert. Es ist möglich, daß wir dann an Wadenkrämpfen leiden oder Arthritis in der Kniekehle fühlen.

Ganz bestimmt tut das Kreuz und das Ileosakralgelenk weh, wenn wir durch Spannungen im Becken die Kraft dieses Meridians blockieren.

Die steifen Rücken mit den entsprechenden Schmerzen sind auf diese Zusammenhänge zurückzuführen. Darum sind sie auch meistens zu beheben über die breitflächige Entspannung der Muskeln neben der Wirbelsäule rechts und links an den Füßen.

Schultern und Halszone mit Schädelbasis bieten die nächsten Schranken und Engpässe. Den Fluß dort wirklich zum Kopf in Gang zu bringen, ist entscheidend für unser Wohlbefinden.

Rücken- und Kopfschmerzen, Müdigkeit und Depressionen ebenso wie Gedächtnisschwäche, Sehstörungen und sogenannte Arterienverkalkung hängen von dem Fluß dieses Meridians und sämtlicher anderer Meridiane ab!

Vor allem willensstarke Menschen leiden an dieser Stelle. Das weist uns darauf hin, wirklich loslassen zu lernen, uns in die großen Zusammenhänge einzufügen und nicht alles selbst tun zu wollen. Dies bezieht sich sowohl auf den Alltag mit dem »Abgeben« wie noch viel nachhaltiger auf das »Nicht mein, sondern Dein Wille geschehe.«

Der Blasenmeridian hat mit dem Sichbeugenkönnen im positiven Sinne zu tun, also dem Mut in der Demut.

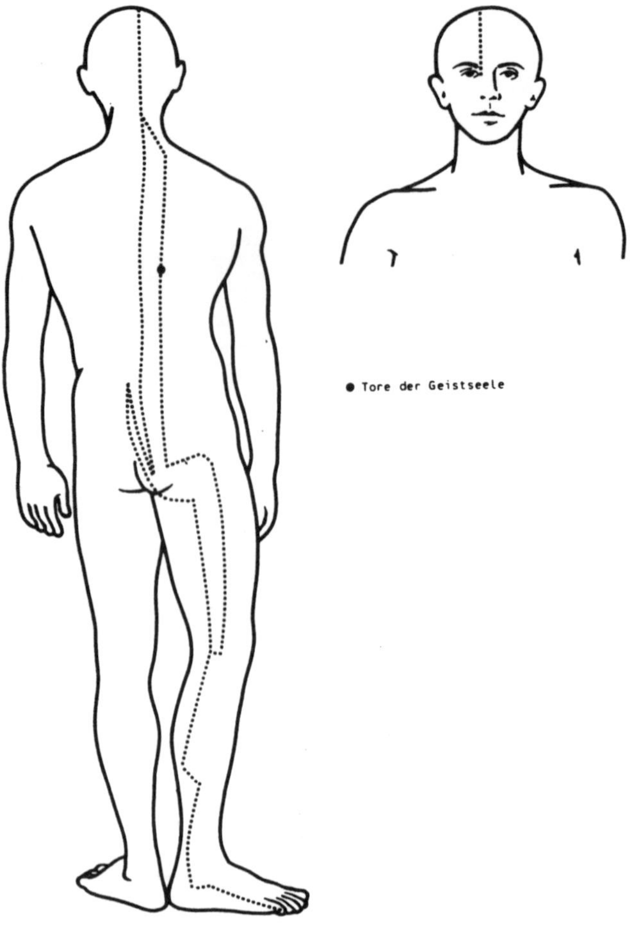

Abb. 9: Akupunktur-Meridian: Blase

Der Gallenmeridian – Yang

Der Gallenmeridian beginnt am zweitkleinsten Zeh und berührt die Außenkante der Füße und der Beine.

Er ist geprägt von verhaltener Wut im negativen Zustand. Aber auch von der entsprechenden Kraft im positiven Zustand.

Auch hier ist klar, daß er am ehesten an seinen »Zacken« blockiert ist, also am Wadenbein, am Oberschenkel und an der Hüfte. Undefinierbare Schmerzen entstehen bei einer Störung im Unterbauch. Bestimmt ist manche vermeintliche Blinddarmstörung ein Gallenmeridianproblem. Weiter wirkt eine Blockade schmerzvoll bei Menstruationsbeschwerden, denn die Hormondrüsen stehen auch über die Meridiane miteinander in Verbindung (die Gallenblase sowohl mit den Brüsten wie auch mit den Eierstöcken).

Weitere Zacken führen zum unteren Rippenbogen, der Energie zurückhält, wenn wir nicht genug zum Beckenboden hin durchatmen. Er berührt auch die Gallenblase rechts und die Bauchspeicheldrüse links. Diese Drüsen haben gemeinsame Verdauungsaufgaben.

Der weitere Verlauf führt innerlich unter den Achseln zum Hals. Stauungen entstehen oft unter dem Schädelbasisknochen. Gleich einem Helm beherrscht er rechts und links den Kopf bis über die Augen und führt mit einer weiteren Abzweigung in die Schläfenzone, wo er die Migräne inszenieren kann, mit Einfluß auch auf Augenflimmern und andere Augenschäden. Hier ist sein Anfang.

Die Kraft dieses Meridians ist groß. In Fluß gebracht, bringt er Mut und Ausdauer. Wut und destruktives Denken sind die Folge von Blockaden im ganzen Körper, die sich auch in Schmerzen oder ernsthaften Krankheiten (etwa Gelbsucht) äußern können.

Der Gallenmeridian lehrt uns, über das Durchatmen klar Stellung zu beziehen, ohne zu verletzen, weder den anderen noch uns selbst.

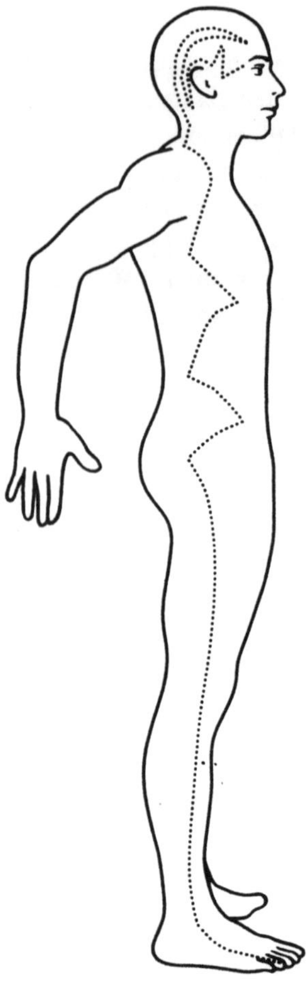

Abb. 10: Akupunktur-Meridian: Gallenblase

Der Magenmeridian – Yang

Der Magenmeridian führt von den mittleren Zehen über das Schienbein, die Kniescheibe und den Oberschenkel in die Leisten über die ganze vordere Mitte zum Kopf. Er berührt Därme, Magenein- und ausgang. In einer Abzweigung erreicht er die Augenzone. Die andere Abzweigung verursacht das Schläfenkopfweh oder die Migräne. Kein Wunder, daß auch Erbrechen und Augenbeschwerden zu diesen Problemen gehören, wenn wir den Verlauf des Meridians betrachten!

Da er den Kieferbereich beherrscht, haben auch Neuralgien und Trigeminusprobleme mit diesem Meridian zu tun.

Der Magenmeridian ist abhängig von unserer Haltung. Freies Atmen vermindert den »Druck auf dem Magen«.

Außerdem klärt er die »Sicht« zur Objektivität im Augenbereich.

Der Magenmeridian lehrt uns, nichts in uns hineinzufressen, sondern uns dem Leben zu stellen.

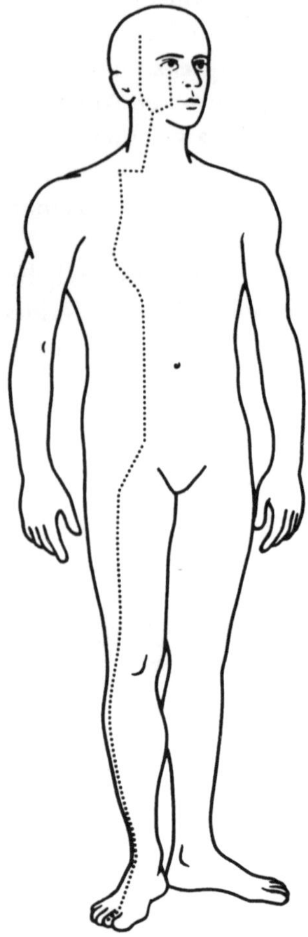

Abb. 11: Akupunktur-Meridian: Magen

Der Nierenmeridian – Yin

Der Nierenmeridian führt von den Nierenpunkten an den Füßen zum inneren Fußknöchel. Wenn er jahrelang zu wenig »Fluß« hatte, hinterläßt er in der Lendenwirbel-Reflexzone eine Verdickung, die durch Harnsäure entstanden ist. Das ist meist bei Menschen der Fall, die nur zwei bis dreimal täglich Wasser lassen müssen. Meist stecken Ängste als Ursache hinter dieser Veranlagung. Dabei bleiben viel zu viele Rückstände im Körper, die Müdigkeit, oft auch Traurigkeit, Angst und Schlaflosigkeit auslösen.

Der Meridian führt um den inneren Knöchel herum, berührt dort die Reflexzonen des Blasenschließmuskels, des Ileosakralgelenkes, des Kreuzbeines und des Unterbauches.

An den Knie-Innenseiten können Stauungen auftreten, die oft zu massiven Schmerzen oder Wasser im Knie führen. Atemnot, Herzbeschwerden bis zu Angina-Pectoris, Asthma und Allergien hängen mit dem mangelnden Energiefluß auf dem Nierenmeridian zusammen. Ein Öffnen der »Knie-Tore« an der Innenseite der Knie kann in Minuten ein befreiendes Gefühl bis in den Kopf auslösen und alle Schwere nehmen.

Vor allem aber sind die Augen abhängig von der Nieren-Kraft. Staut sich das Wasser, sehen die Menschen trüb, wie mit einem Schleier vor den Augen. Wenn man zu wenig Flüssigkeit zu sich nimmt, fühlen sich die Augen sandig an.

Der Nierenmeridian endet im Brustbereich, wo man den Kummer »spürt«. Auch die Thymusdrüse ist in dem Bereich zu finden. Sie ist zuständig für das Wachstum und ist auch am Immunsystem beteiligt. Auch am seelischen Wachstum hat diese Drüse Anteil.

Um den Energiefluß und die Funktion der Thymusdrüse nicht zu behindern, sollten wir auf eine aufrechte Haltung achten. Wer den Brustkorb einsinken läßt, verschließt Kummer und Sorgen in seinem Inneren. Natürlich helfen uns Schwierigkeiten und Kummer auch zu reifen, aber es ist wichtig, die negativen Energien abfließen zu lassen. Menschen mit einer aufrechten Haltung bauen Selbstvertrauen auf und überwinden die Angst. Sie haben einen klaren, strahlenden Blick.

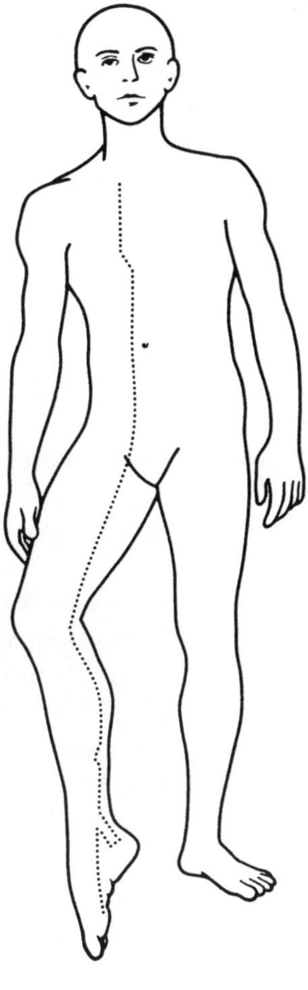

Abb. 12: Akupunktur-Meridian: Nieren

Der Lebermeridian – Yin

Der Lebermeridian verläuft von der Innenseite der Großzehen über den Rist des Fußes an der Innenseite des Beines zum unteren Bauchraum und den Genitalien. Auch sie sind von der Leberkraft abhängig, von der »Lebenskraft«.

Der Lebermeridian ist abhängig von einer guten Kniestellung, die keine Stauungen verursacht. Meistens wirkt ein Druck der Finger in der Höhe der Muskelansätze der Knie sehr befreiend für die Energien der drei Meridiane (Leber-, Nieren- und Milz-Pankreas-Meridian).

Das Fließen dieser drei Energieströme läßt oft in Sekundenschnelle die Wangen röter und die Augen klarer werden, Kopfweh verschwindet, und Kraft und Frische kommen auf.

Der weitere Verlauf dieses Meridians führt innen am Oberschenkel bis in den Bauchraum zum unteren Rippenbogen, wo er dann in der Höhe der Leber nach innen führt und sich dort mit dem Kreislauf-Meridian verbindet. Links sind Milz und Pankreas mitbeteiligt.

Jeder depressive Mensch braucht eine Anregung, ein »Aufhellen« der Leber, sagen die Anthroposophen. Bleiben diese Energien gestaut, sind diese Menschen »Schwarzseher«, aggressiv, und sie haben eine gelblichbraune Haut. Die Mundwinkel sind nach unten gezogen. Reinigen wir dies Organ über homöopathische Mittel oder die Reflexzonen, wirkt sich dies auch in Seele und Geist aus. Dadurch wird es möglich, Schwierigkeiten anzunehmen und in Erkenntnis umzuwandeln.

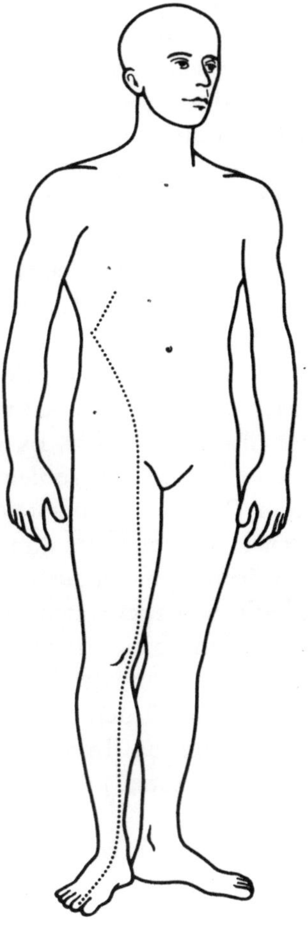

Abb. 13: Akupunktur-Meridian: Leber

Der Milz-Pankreas-Meridian – Yin

(Pankreas = Bauchspeicheldrüse)
Der Milz-Pankreas-Meridian verläuft über die äußere Seite des großen Zehs. Direkt unterhalb des Nagels beginnt dieser sehr wichtige Energiefluß. Ist dort eine Verhornung, so müssen wir nach einer chronischen Entzündung im Körper suchen. Der heftigste Schmerz am Fuß, der nach einigen Behandlungen bleibt, weist darauf hin, wo dieser Herd liegt. Das können die Zähne oder die Mandeln sein, aber auch der Magen oder sehr oft die Eierstöcke, die Blasenregion oder der Darm etc.

Nach dem Verlauf über die Zone des untersten Halswirbels am Fuß, sowie die der Bauchspeicheldrüse führt er am Knöchel vorbei zum Unterbein. Hier ist eine sehr wichtige Stelle für drei Yin-Meridiane (Leber, Niere, Milz-Pankreas). Stauen sich dort die Kräfte, fühlen wir uns sehr unwohl. Es können hormonelle Beschwerden, Diabetes, Kreislaufprobleme, Migräne und Depressionen in dieser Region behandelt werden. Oft ist bei einem sorgfältigen Druck auf diesem Punkt rechts und links eine Erleichterung und Erwärmung bis in die Stirn möglich. Wichtig auch bei Stirnhöhlenkatharren oder sonstigen Erkältungen.

Der Milzmeridian verbindet sich mit Leber und Milz und wendet dann nach einer Berührung der Lymphgefäße unter den Achselhöhlen etwas tiefer am Körper.

Über diesen Meridian kann das Immunsystem gereinigt und geordnet werden. Ein Energiestau hat negative Folgen für das seelische Befinden.

Die Bauchspeicheldrüse reguliert den Blutzuckerspiegel im Körper. Im übertragenen Sinn heißt das, sie schafft Ausgleich zwischen Geben und Nehmen. Wenn zwischen beide eine Balance besteht, ist auch der Mensch ausgeglichen und glücklich. Jemand, der seine verletzten Gefühle »in sich hineinfrißt« und nicht loslassen kann, belastet den Milz-Pankreas-Meridian.

Die Milz, die für die Bluthygiene verantwortlich ist, kann bei einem Energiestau nicht richtig arbeiten. Es entstehen Infektionskrankheiten.

Der Milz-Pankreas-Meridian ist besonders wichtig für das seelische Wohlbefinden. Wenn die Energie ungehindert strömt, kann sich allumfassende Liebe entwickeln. Der Mensch strahlt Ruhe und Güte aus und wird von seiner Umwelt geschätzt.

Der Lungenmeridian – Yin

Der Endpunkt des Lungenmeridians liegt auf dem Daumen. In der Kunst des Handlesens hat der Daumen mit der Lebenslinie und mit Lebensenergie zu tun.

Dieser Meridian führt über die Außenkante des Daumens zur inneren Beuge des Ellenbogens und endet unter dem Schlüsselbein. In der östlichen Welt wird die Lunge der Trauer zugeordnet, und wir können uns gut vorstellen, daß sich die Lungenkraft nicht entfalten kann, wenn wir wie eine Trauerweide die Schultern hängen lassen und dadurch nur schwach atmen. Fröhlichkeit hilft, sich über den Atem mit kosmischen Kräften zu verbinden, auch Singen, Tanzen oder Sport. Ein Spaziergang oder Arbeit in der Natur verhelfen uns zur Objektivität im Alltag und zum Aufatmen.

Wichtig kann die Erfahrung werden, daß wir nicht nur mit den Lungen atmen, sondern daß es uns möglich ist, über bewußtes Atmen alle Bereiche des Körpers zu durchfluten, und damit wirklich Lebenskraft in uns aufzunehmen.

Spüren wir den Atem auch im Unterbauch, in den Beinen und Füßen, vereinigen wir uns in Harmonie mit uns selbst, so fühlen wir uns bestimmt ruhig, friedvoll und wirklich lebendig.

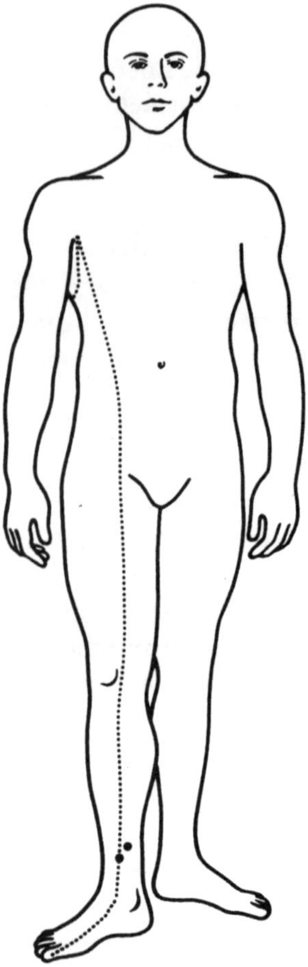

Abb. 14: Akupunktur-Meridian: Milz

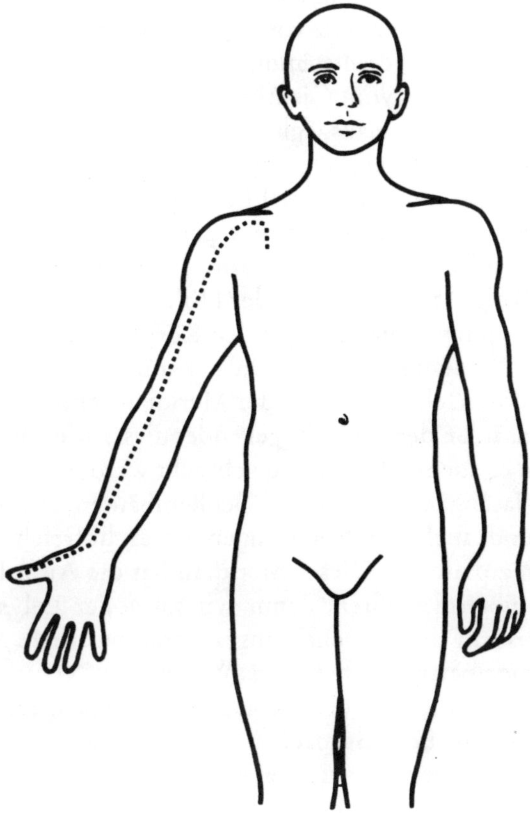

Abb. 15: Akupunktur-Meridian: Lungen

Der Dickdarmmeridian – Yang

Der Dickdarmmeridian beginnt am Zeigefinger an der Nagelbasis und läuft eng am Daumenansatz vorbei, wo wir Mandeln-Lymphenentstauung sowie Kieferentspannung bewirken können.

Ist der Zeigefinger von Gichtknoten betroffen oder verkrümmt, zeugt das von unausgeglichener Verdauung.

Ein sehr wichtiger Punkt liegt an der Ansatzstelle des Unterarmmuskels knapp unterhalb des Ellenbogen. Eine Behandung dieser Stelle kann beim liegenden, entspannten Menschen Galle und Pankreas sofort zum Fließen bringen. Dabei können wir erkennen, daß diese Stelle genau in der Höhe der entsprechenden Drüsen liegt, wenn wir die Arme an den Körper anlegen.

Mangelnde Reinigung über den Darm kann Rheuma bis in die Schultern auslösen, eben dort, wo der Meridian verläuft.

An den Ansätzen der Nasenflügel endet dieser Meridian. Von dort aus kann er auch in Bewegung gebracht werden. Außerdem stehen die Nasengänge mit ihren Schleimhäuten mit ihm in Beziehung, und auch bei Erkältungen ist es hilfreich, diesen Energiestrom anzuregen. Dieser Meridian hat die Aufgabe, uns Gelassenheit üben zu lehren, damit wir zu voller Lebenskraft gelangen. Er ist für die Ausscheidungen verantwortlich. Auf die seelische Ebene übertragen, heißt das: Wir müssen Negatives loslassen und dürfen nicht in der Vergangenheit leben. Jede Ausscheidung kann uns bewußt machen, daß wir das gestern hinter uns lassen und daß heute das Leben stattfindet. Wir werden den Augenblick bewußter erleben.

Der Herz-Kreislauf-Meridian – Yin

Der-Herz-Kreislauf-Meridian endet am Mittelfinger auf der Seite des Zeigefingers. Dort können wir Kraft und Beruhigung durch diesen Meridian zum Herzen führen. Er zieht sich über die innere Handmitte und den ganzen Arm bis in die Höhe der Brustwarzen.

Daß er auch auf der rechten Seite wirkt, ist ein Hinweis darauf, daß Herzprobleme ebenso stark von Leber, Galle sowie Milz-Pankreas beeinflußt werden, wie vom Herz selbst.

Oft lähmt Wut oder Zorn, der sich nicht entladen hat, unsere Lebenskraft, und das kann zu erhöhtem Blutdruck führen. Die Folgen davon können ein Herzanfall oder ein Infarkt sein.

Im psychischen Bereich bewirkt ein ungehinderter Energiestrom im Herz-Kreislauf-Meridian das Sich-selbst-Akzeptieren. Man geht liebevoller mit sich um.

Der Herz-Kreislauf-Meridian ist mit der Sexual-Energie verbunden. Dadurch wird klar, daß Liebe und Freude auch mit Lebenspenden und Kraft zu tun hat.

Der Herzmeridian – Yin

Der Herzmeridian kann von seinem Endpunkt, dem kleinen Finger, aus angeregt werden. Er führt an der äußeren Handkante entlang durch den Unterarm zur inneren Beuge des Ellenbogens. Sein Anfang liegt in der Achselhöhle.

Der Dünndarmmeridian ist am kleinen Finger mit dem Herzmeridian verbunden. Diese beiden zusammen geben dem Herzen Kraft.

Das Herz braucht Klarheit – Reinigung von Unverdautem – dann wird es frei für Wesentliches: für Liebe.

Wir empfinden unser Herz als den Mittelpunkt unseres Seins. Dieses Organ ist deshalb vielleicht mehr als alle anderen von der Lebenssituation abhängig.

Je nach den Impulsen, die wir von unserer Umgebung empfangen, ist uns schwerer oder leichter ums Herz. Wie blüht ein Mensch auf, wenn ihm das Herz lacht oder sogar fast zerspringt vor Freude!

Der Dünndarmmeridian – Yang

Der Dünndarmmeridian führt vom kleinen Finger über die Außenhand und den Unterarm zum Ellenbogen, auf der Außenseite wieder am empfindlichsten Punkt, dem »Elefantenbeinchen«, vorbei. Sehr wichtig ist der Punkt in der Höhe der Achselhöhe, wo sich Kräfte stauen können.

Die Zackenlinie zieht sich über die ganze Schulterregion und das Schulterblatt. Bei Energieblockaden hat man in diesem Bereich Schmerzen, die oft als Rheuma oder Periarthritis diagnostiziert werden. Solche Beschwerden sind ein deutliches Zeichen dafür, daß der Dünndarmmeridian aktiviert werden muß, um die Verdauung zu fördern. Auch eine Massage im Nacken- und Schulterbereich ist oftmals hilfreich.

Vom untersten Halswirbel verläuft der Dünndarmmeridian über den Kieferrand zur Wange und von dort aus zum Ohr. Ohrenschmerzen oder Ohrensausen kann seine Ursache in einer Energieblockade auf diesem Meridian haben. Auch dieser Meridian wirkt auf seelischer Ebene reinigend. Wir dürfen Vorwürfe und Auseinandersetzungen hinter uns lassen und uns ganz dem Heute zuwenden.

Der dreifache Erwärmermeridian – Yang

Der dreifache Erwärmermeridian ist für uns etwas schwieriger zu verstehen. Er hat mit der Wärmeverteilung, die aus einem entspannten Magengebiet kommt, zu tun. Damit ist er aber auch mit unserem Nervensystem oder Sonnengeflecht, das ebenfalls diesen Raum beherrscht, verbunden.

Nach östlicher Lehre gibt der Mageneingang die Wärme in die oberen Körperteile ab. Der Magenausgang bedient die unteren Extremitäten und die Magenmitte den Bauchraum.

Der dreifache Erwärmermeridian beginnt am Ringfinger beim Nagelbett und führt über die Außenhand und den Ellbogen (Tennisarm) zur Schulter, wo er beachtliche Schmerzen auslösen kann, wenn er blockiert ist.

Weiter führt er über den Schultergürtel hinters Ohr und zur Schläfe. Auf seinem Weg um die Ohren kann er mit genügender Kraft Taubheit heilen und ist bei Stauungen ebenso mitbeteiligt an Migräne und Kopfweh. Auch die »Menuersche Krankheit« hat ganz direkt mit diesem Energiesystem zu tun, ebenso wie Schwindel und Augenprobleme.

Facialislähmung und Trigeminuslähmung können über diesen Meridian viel schneller behoben werden. Natürlich ist zu beachten, daß das vegetative Nervensystem mitbetroffen ist und Alarm schlägt, wenn die Lebenssituation ungünstig ist.

Die Zone des Sonnengeflechtes vereinigt wohl mehr, als wir annehmen, die geistigen Kräfte von Kopf und Herz mit dem erdigen Anteil in uns, mit dem Bauchraum.

Ausgeglichen warm sein heißt, gesund sein, seine Wunschträume leben und seinen Platz auf dieser Erde voll ausfüllen.

Das Konzeptions- (Yin) und das Lenkergefäß (Yang)

Diese beiden Meridiane führen über den ganzen Rumpf, vom Steißbein über die Wirbelsäule entlang über den Kopf und an der Vorderseite über das Brustbein zum Bauch und zu den Genitalien.

Die Energien sollen frei fließen können, dann schaffen sie eine Verbindung zwischen Erde und Himmel. Die Wirbelsäule ist wie ein Baum, der Lebenskraft aus dem Boden saugt und in den Himmel abgibt.

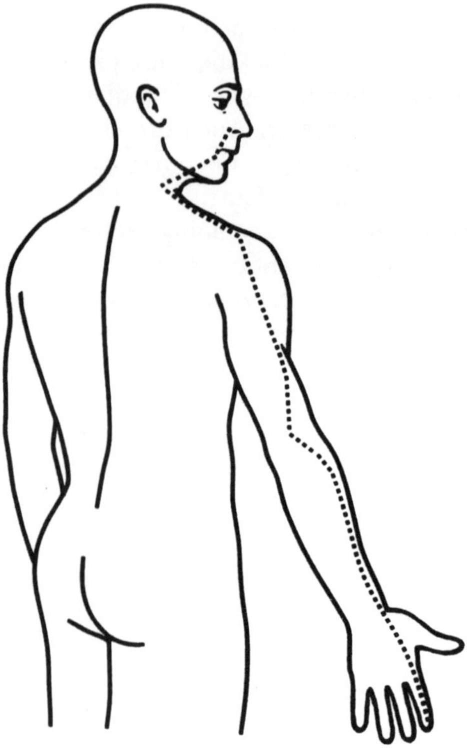

Abb. 16: Akupunktur-Meridian: Dickdarm

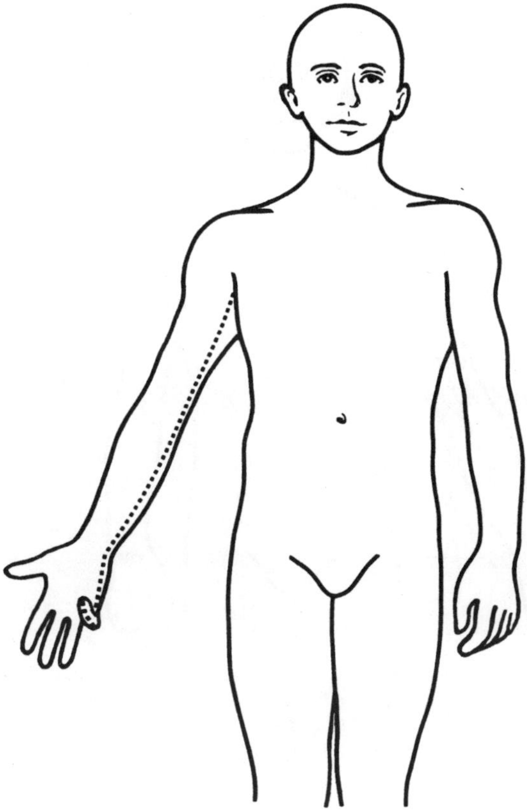

Abb. 17: Akupunktur-Meridian: Herz-Kreislauf

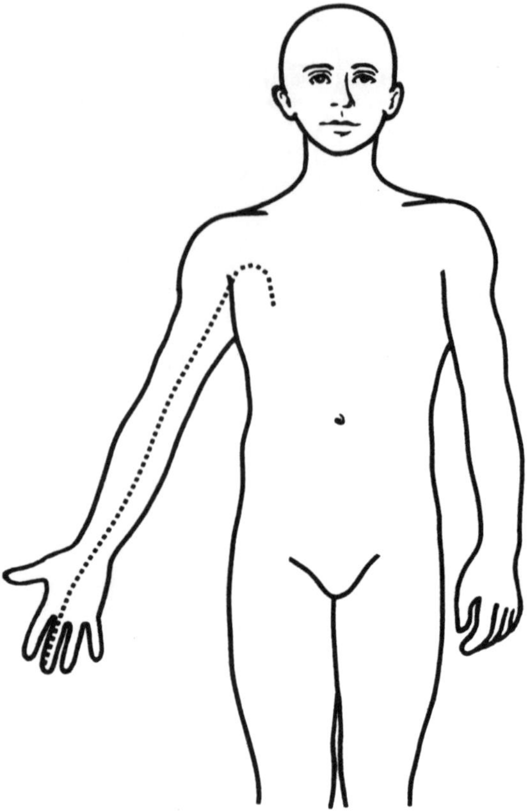

Abb. 18: Akupunktur-Meridian: Herz

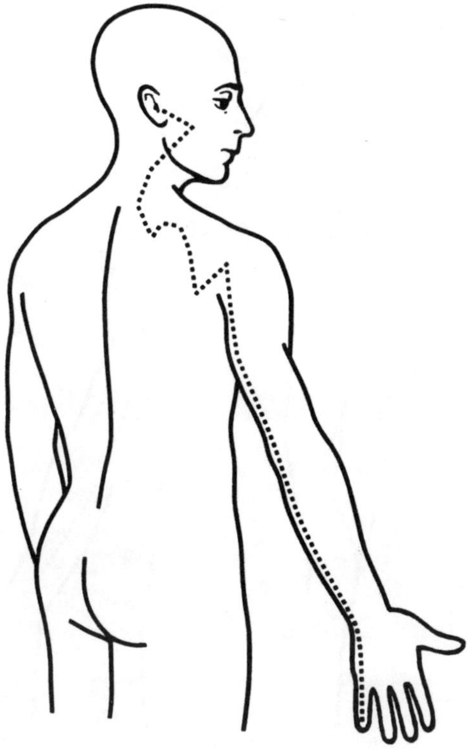

Abb. 19: Akupunktur-Meridian: Dünndarm

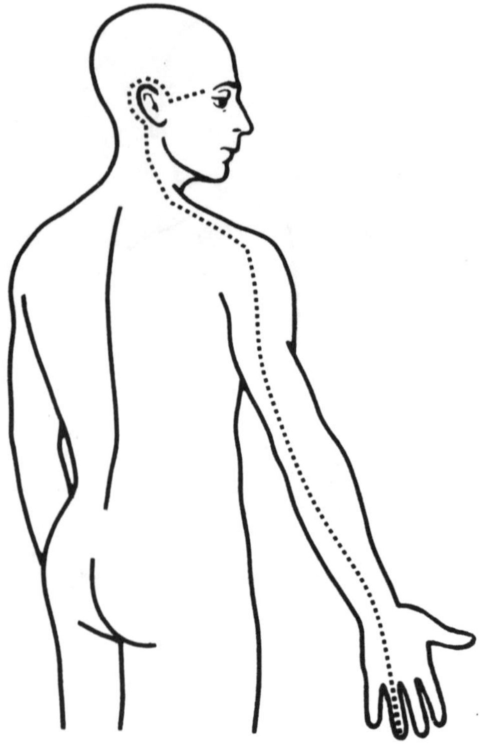

Abb. 20: Akupunktur-Meridian: Wärme

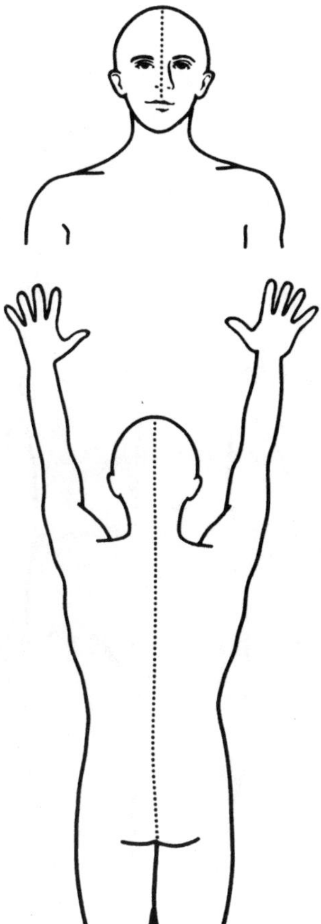

Abb. 21: Akupunktur-Meridian: Lenkergefäße

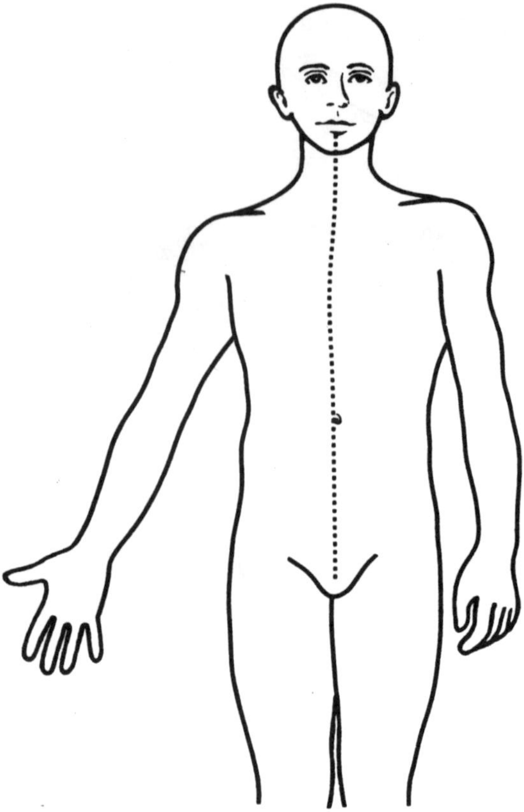

Abb. 22: Akupunktur-Meridian: Konzeptionsgefäße

Fußmassage und Meridian-Aktivierung

Wie schon gesagt, können die Erkenntnisse über die Meridiane im Rahmen dieses Buches nicht erschöpfend behandelt werden. Aber diese Übersicht macht Ihnen vielleicht einige Zusammenhänge klarer, und Sie können Schmerzen und Beschwerden besser einordnen.

Wichtig für die Reflexzonenmassage sind die Endpunkte der Akupunktur-Meridiane. Sie können die Energieströme im Anschluß an die eigentliche Fußmassage durch leichten Zug an den Zehen und Fingern fühlbar aktivieren. Beginnen Sie mit den großen Zehen (rechts und links), und fahren Sie fort bis zum kleinen Zeh. Danach ziehen sie die Finger (immer jeweils rechts und links gleichzeitig). Wenn Sie die Energien in Fluß gebracht haben, lassen Sie den Patienten ruhen. So können die Kräfte, die in Bewegung gebracht worden sind, am besten wirken.

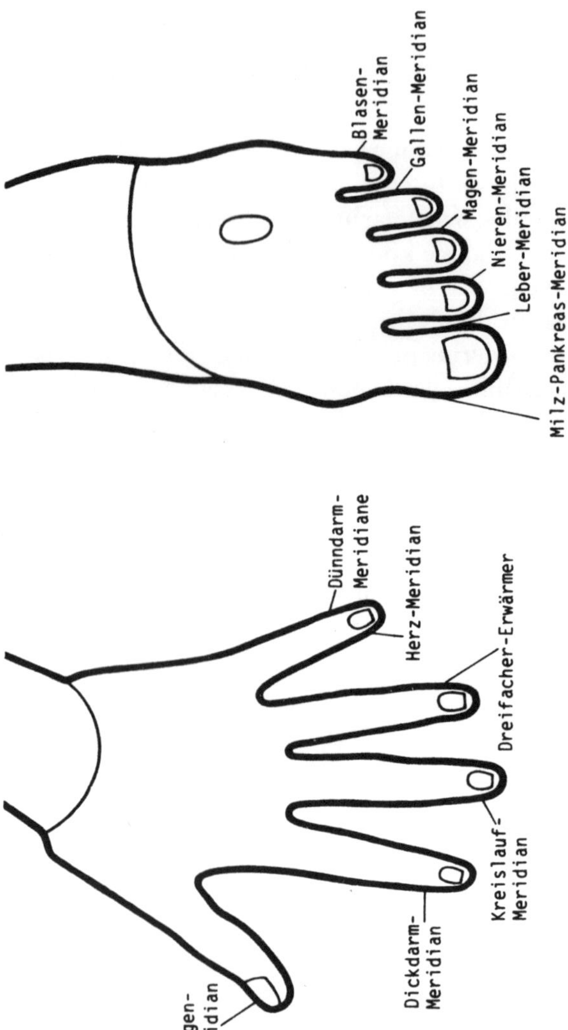

Abb. 23: Endpunkte der Akupunktur-Meridiane

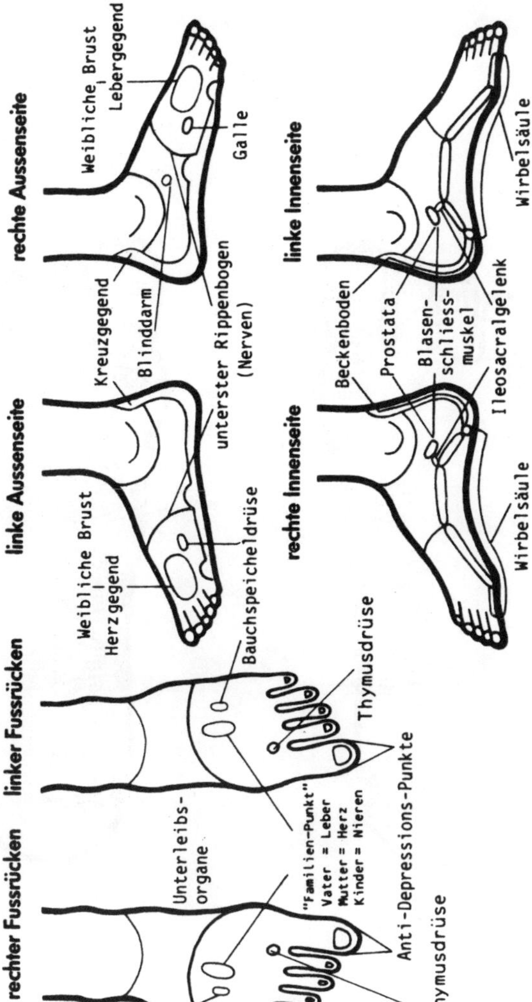

Abb. 24: Reflexzonen der Füße

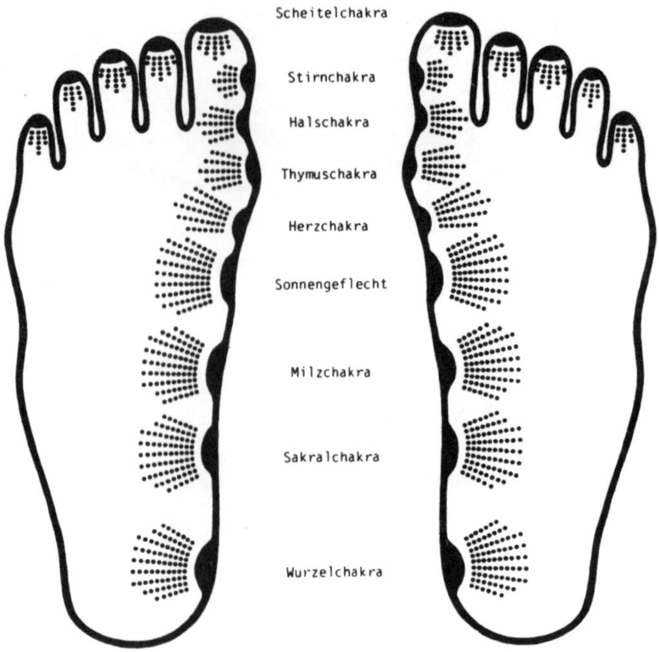

Abb. 25: Chakren

Chakren

Auf Gemälden alter Meister sind oft Menschen mit einem Heiligenschein abgebildet. Jedes Lebewesen (auch Pflanzen und Mineralien) ist von einer solchen Aura aus kosmischer Energie umgeben. Mit Hilfe der Kirlian-Hochfrequenztechnik kann man diese Aura fotografieren. Die kosmische Lebensenergie, die uns umgibt, nehmen wir durch die Chakren auf.

Da das Universum den gleichen Gesetzen untersteht, ist der Regenbogen ein deutliches Sinnbild, das wir alle sehen können. Auch bei Sonnenaufgang und besonders bei Sonnenuntergang sind diese Farben in wunderbaren Abstufungen zu erblicken. Aber auch Pflanzen, Tiere und Mineralien sind umgeben von dieser kosmischen Energie.

Nach der Yoga-Lehre sind Chakren Energiezentren, über die sich die universellen Kräfte im ganzen Körper verteilen. Wir schwingen uns in die große Einheit allen Seins ein, wenn wir Energien aus der kosmischen Kraftquelle schöpfen.

Jedes Chakra hat einen bestimmten Schwingungsrhythmus, einen speziellen Ton und eine charakteristische Farbe. Hellsichtige Menschen sind in der Lage, diese strahlenden Energiezentren, die wie Blütenkelche geöffnet sind, wahrzunehmen.

Unser Körper weist sieben wichtige Hauptzentren auf, die von der Wirbelsäule ausgehen und mit den Drüsenfunktionen des ganzen Körpers in Verbindung stehen.

Das Wassermann-Zeitalter, das angebrochen ist, braucht wahrscheinlich das Aufgehen von mindestens zwei weiteren, um den Aufgaben gewachsen zu sein, die auf uns zukommen. Ein Zeichen dafür ist die Tatsache, daß viele Menschen sich für geistige Aspekte zu interessieren beginnen.

An der Verteilung der Chakren kann man wieder das Prinzip der Dreieinigkeit erkennen, das schon im Körperlichen offenbar wird – Becken, Brust und Kopf entsprechen sozusagen Vitalität,

Gefühl und Geistkraft. Die Energien, die durch die Chakren aufgenommen werden, fließen ineinander über und aktivieren sich gegenseitig. Ist ein Mensch von kosmischen Energien, die sich im Einklang miteinander befinden, durchdrungen, hat er eine positive Ausstrahlung. Die Ruhe, die von einer solchen ausgeglichenen Persönlichkeit ausgeht, ist für die Mitmenschen wiederum eine Quelle der Kraft.

Die Hauptchakren

1. Das *Wurzelchakra* liegt in der Gegend des Steißbeins. Durch dieses Chakra nehmen wir die Kraft der Erde (Vitalkraft) auf, die uns Stabilität verleiht und uns für das Leben auf dieser Welt stärkt.

   In diesem Zentrum sind alle unbewußten Erinnerungen festgehalten.

   Seine Farbe ist ein leuchtendes Rot, die Farbe der Vitalität.
2. Das *Sakralchakra* steht mit den Fortpflanzungsorganen in Zusammenhang – wir nehmen über dieses Zentrum die heilige Schöpferkraft in uns auf und zeugen neues Leben.

   Durch das Sakral- wie das Wurzelchakra werden die Ausscheidungsorgane (Blase und Darm) aktiviert – auf die seelisch-geistige Ebene übertragen, heißt das, daß diese Energiezentren Einfluß auf die Klärung von Vergangenem und auf die Problemlösung haben. Strömt ausreichend Energie in diese Chakren, sind wir in der Lage, körperlichen und geistigen Ballast loszuwerden.

   Die Farbe des Sakralchakras ist Orange, die Farbe der Wandlung.
3. Durch das *Milzchakra* in der Nähe des Nabels wird das Immunsystem beeinflußt. Es steht in enger Verbindung mit dem Nervensystem des Sonnengeflechts und mit der Bauchspeicheldrüse, die entscheidend auf unsere Empfindsamkeit wirkt.

Wenn wir über dieses Chakra nicht genügend Energien aufnehmen, stauen sich in diesem Bereich die Emotionen, die wir aus Rücksicht auf unsere Mitmenschen, aus Scham oder aus Unvermögen, sie fließen zu lassen, zurückhalten.

Das Milzchakra unterstützt die durchgeistigte Liebesfähigkeit. Wenn wir Achtung und Liebe zu uns selbst empfinden, können wir den göttlichen Kern unserer Mitmenschen erkennen und ehren.

Das Milzchakra strahlt in Pfirsich- und Lachspastelltönen, in den Farben der zarten Verbindungen.

4. Das *Sonnengeflecht* steht mit Himmel und Erde, mit Geist und Materie in Verbindung. Physisch steht das Sonnengeflecht mit der Gallenblase in Zusammenhang.

In diesem Zentrum stecken unsere Ideale. Oft haben wir nicht den Mut, unsere Idealvorstellungen zu verwirklichen, weil wir nicht über unseren eigenen Schatten springen können. Wenn es uns gelingt, tief durchzuatmen und den Körper mit Atem zu durchfluten, aktivieren wir die Kräfte, die wir über das Sonnengeflecht aufnehmen, und wir werden unsere wahre Bestimmung erkennen. Wir können dann die Energien, die wir durch die unteren Chakren gewinnen, miteinander verbinden.

Das Sonnengeflecht leuchtet golden wie die Sonne.

5. Im *Herzchakra* sitzt die Liebe, hier entstehen Gefühle. Die Kraft des Sonnengeflechts und die göttliche Liebe strömen zusammen und lassen das Herzchakra hell strahlen; daraus entsteht allumfassende Liebe.

Von dem Bereich, in dem das Herzchakra sitzt, gehen die Arme aus. Wenn man sie ausbreitet und die Handflächen nach oben richtet, kann man mit den Händen kosmische Energie aufnehmen und so das Herzchakra durchfluten. (Auch in den Händen sitzen Energiezentren.)

Auf der physischen Ebene ist das Herzchakra mit den Nebennieren verbunden. Bei ausgeglichener Energie in diesem Zentrum sind Geben und Nehmen in Balance. Liebe wird als ein göttliches Geschenk angesehen und mit Liebe, die nicht dem eigenen Willen unterworfen ist, erwidert. Die grüne Farbe der Hoffnung durchfließt dieses Zentrum.

6. Das *Thymuschakra* befindet sich oberhalb des Herzens. Es steht mit dem Milzchakra in Verbindung und hilft, das Immunsystem zu stärken.

   Umweltverschmutzungen, negative Gedanken und Vorstellungen behindern den Energiestrom in diesem Zentrum. Atemnot, beklemmende Gefühle in der Brust und Alpträume sind die Folge.

   Inzwischen weiß man, daß die Thymusdrüse nicht nur für das körperliche Wachstum, sondern auch für das geistige Fortkommen und die Umwandlung von negativen Schwingungen in positive verantwortlich ist.

   Jeder, dessen Energien in diesem Bereich ausgeglichen sind, spendet auch den Mitmenschen Kraft durch seine Ausstrahlung.

   Das Thymuschakra strahlt rosa, in der Farbe der selbstlosen Liebe.

7. Das *Halschakra* hat seinen Sitz in der Nähe des Kehlkopfs. An dieser engsten Stelle des menschlichen Körpers stauen sich oft die Energien der unteren Chakren. In diesem Bereich wird die Stimme gebildet. Alle Energien der Chakren, die unterhalb des Halschakras liegen, formen unsere Worte. Deshalb ist es sehr wichtig, mit Worten nicht achtlos umzugehen – sie haben eine Kraft, die nicht zu unterschätzen ist.

   Die Schilddrüse, die einen geistigen Schutz gegen unbeherrschte Emotionen bildet, befindet sich in der Nähe dieses Zentrums.

   Die Farbe des Halschakras ist ein klares Hellblau, die Farbe des anbrechenden Morgens.

8. Das *Stirnchakra* befindet sich in der Mitte der Stirn. In östlichen Religionen wird es das dritte Auge genannt, durch das

man mit dem höhreren Selbst und dem göttlichen Wesen in Kontakt treten kann.

Epyphyse und Hypophyse stehen mit dem Stirnchakra in Zusammenhang. Über das Hals- und das Thymuschakra strömen von hier aus die Energien zum Herzen, und sie helfen, die allumfassende Liebe entstehen zu lassen.

Die Farbe des Stirnchakras ist ein leuchtendes Dunkelblau, die Farbe der Erkenntnis.

9. Das *Scheitelchakra* stellt die Verbindung zu höchsten Erkenntnissen dar. Dort sammeln sich die Energien des unerschöpflichen Universums. Wir unterwerfen uns dem göttlichen Willen, um das Ziel, das alle Weltreligionen als Erfüllung des Daseins ansehen, zu erreichen.

   Die Farbe des Scheitelchakras ist Violett, die Farbe der Erkenntnis und der Intuition. Violett spiegelt auch die unendliche Weite des Universums wider.

Vollkommene Harmonie in den einzelnen Chakren äußert sich in strahlendem Licht. Nicht ohne Grund spricht man von der »Ausstrahlung« einer Persönlichkeit. Auch wenn es für die meisten von uns nicht sichtbar ist, spürt man, daß ein Mensch, der mit klarer, reiner Energie durchdrungen ist, Kraft und Ruhe um sich verbreitet.

Leider ahnen die wenigsten Menschen etwas davon, daß sie sehr viel für ihre innere Harmonie tun und auch ihre Freunde und Verwandten mit den unerschöpflichen Kräften des Universums segnen können. In der heutigen Zeit herrscht Machtbestreben und Habgier vor. Um weltliche Güter zu erreichen, sind viele unserer Zeitgenossen rücksichtlos geworden. Sie fügen nicht nur ihrer Umwelt, sondern besonders sich selbst großen Schaden zu. Die Chakren, diese wunderbaren Energiekanäle, können sich nicht in ihrer ganzen Weite entfalten und keine Kraft aus der göttlichen Quelle schöpfen. Sie sind wie Knospen, die sich nicht zu leuchtenden Blüten entwickeln können, weil die Luft zu eisig geworden ist. Die Folge davon ist Unzufriedenheit, Krankheit und sogar geistige wie körperliche Verkrüppelung. Ein Mensch, der sich der allumfassenden Liebe und den universellen Kraftquellen verschließt, betrachtet seine Umwelt aus leeren, seelenlosen Augen und errichtet eine Art Vakuum um sich. Orientierungslosigkeit, Einsamkeitsgefühle und Erschöpfungszustände bringen einen Ungücklichen oft zur Besinnung, und er öffnet sich seinen Mitmenschen und damit auch der göttlichen Kraft.

Es gibt mehrere Methoden, die Chakren in Schwingungen zu bringen und mit Energie zu durchfluten. Eines der besten Mittel ist, Liebe zu verschenken – Liebe zu den Menschen und zur gesamten Schöpfung. Kein Wesen, dem Liebe entgegengebracht wird, kann sich ganz verschließen, und schon liebevolle, positive Gedanken, die wir auf einen Menschen lenken, bewirken eine Veränderung sowohl in der eigenen wie auch in der Seele des anderen. Die Zuwendung, die wir an andere verschenken, kommt tausendfach zu uns zurück. Wenn man dieses göttliche Gesetz verstanden und verinnerlicht hat, weiß man, daß Hilfe immer gegenseitig ist und daß man viel für die Harmonie auf dieser Welt tun kann. Ähnlich wie der Sonnenschein, der uns das Herz im Leibe hüpfen läßt, wirkt ein ausgeglichener Mensch. Wenn wir also nach innerer Harmonie streben, strahlen wir Warmherzigkeit aus und segnen unsere Umwelt mit Energie – wir strahlen vor Freude und stecken andere damit an.

Auch durch die Macht von Edelsteinen und Kristallen können die Chakren zur Enfaltung gebracht werden. In den Mineralien haben sich in tausenden von Jahren die Kräfte der Erde gesammelt, die an die Energiezentren weitergegeben werden können. Bei meditativen Übungen mit Kristallen öffnen wir uns für universelle Einflüsse (für die Aktivierung der verschiedenen Chakren benutzt man verschiedenfarbige Edelsteine oder Kristalle). Sensitive Menschen gewinnen Essenzen aus Pflanzen, die uns zu Kraft und Ausgeglichenheit verhelfen (auch hier spielt die Farbe der Blüten eine große Rolle).

Musik und Töne bewegen unser Herz und versetzen den Körper bis in alle Zellen in Schwingungen. Die Kraft der harmonischen Klänge haben sich die Griechen der Antike als Heilmethode zunutze macht.

Je offener die Chakren sind, desto mehr werden sie durch Klangfolgen aktiviert. Es ist ausgesprochen wichtig, die Art der Musik sorgfältig auszuwählen, denn die Schwingungen der Töne beeinflussen die Energien in hohem Maße. Klänge können heilen, aber auch zerstören.

Heutzutage haben viele Leute, besonders sensible junge Menschen, einen Schutzpanzer um sich errichtet, weil sie fürchten, verletzt zu werden. Es ist nur allzu klar, daß sie sich einsam und ungeliebt fühlen. Es braucht schon harte und laute Rockrhythmen, um diese Mauer zu durchbrechen. Der Körper gerät zwar in Schwingungen, aber die zarten Chakren sind nicht in der Lage, diese geballte Kraft aufzunehmen. Sie verschließen sich immer mehr, und die Einsamkeitsgefühle verstärken sich. Ein verzweifelter Mensch, der sich wie jeder andere nach Licht und Harmonie sehnt, sucht Hilfe bei anderen Mitteln, um in die höheren Sphären zu dringen und Erfüllung zu finden. Der gefährliche Griff zu Drogen ist meist die Folge. Dadurch erleidet dann sowohl der Körper als auch die Seele große Schäden, die nur schwer wieder zu heilen sind.

Aktivierung der Chakren bei der Fußmassage

Bei der Fußmassage kann man die Chakren über die Reflexzonen der Wirbelsäule erreichen. Wenn Sie sanft über diese Punkte streichen – immer in dem Bewußtsein, positive Energien zu aktivieren – , können sie die Chakren in Schwingungen versetzen. Durch diese liebevolle Behandlung streichen Sie die Traurigkeit,

Einsamkeit, Schuldgefühle und Verhärtungen Ihres Patienten weg. Sie bringen Energien zum Strömen und wirken beruhigend und segensreich.

Bei einer Berühung der Fußinnenseiten (in fünf bis zehn Zentimeter Abstand) und auf der Oberseite der Zehen öffnen Sie den Weg zum höheren Selbst, das die Geheimnisse um die unerschöpflichen Kräfte kennt. Jeder von uns weiß im tiefsten Inneren über alle Kraftquellen, die uns zur Verfügung stehen, Bescheid, nur ist uns oft der Zugang zu diesem Wissen versperrt, weil wir zu sehr mit weltlichen Angelegenheiten beschäftigt sind. Je bewußter wir uns werden, desto weiter öffnet sich das Tor zu Erkenntnis.

Durch eine einfühlsame Fußmassage helfen wir unseren Mitmenschen, sich zu öffnen und die Energien frei strömen zu lassen.

Es versteht sich von selbst, daß man sich als Behandelnder auf die lichtvollen Kräfte konzentrieren muß und nicht nur mechanische, einstudierte Bewegungen ausführen darf. Nur wer bewußt agiert und die göttlichen Kräfte um Hilfe bittet, wird auch wirklich erfolgreich sein.

Heerscharen von Schutzengeln sind in Bereitschaft, uns auf unserem Weg zur Erleuchtung zu begleiten, sie warten auf unsere ernstgemeinte Bitte um Unterstützung. Oft denkt man nur in Notzeiten oder bei Gefahren daran, zu beten, es wäre jedoch segensreich, täglich zu meditieren und in Augenblicken der Ruhe Verbindung mit den höheren Wesen aufzunehmen, die sich mit uns weiterentwickeln.

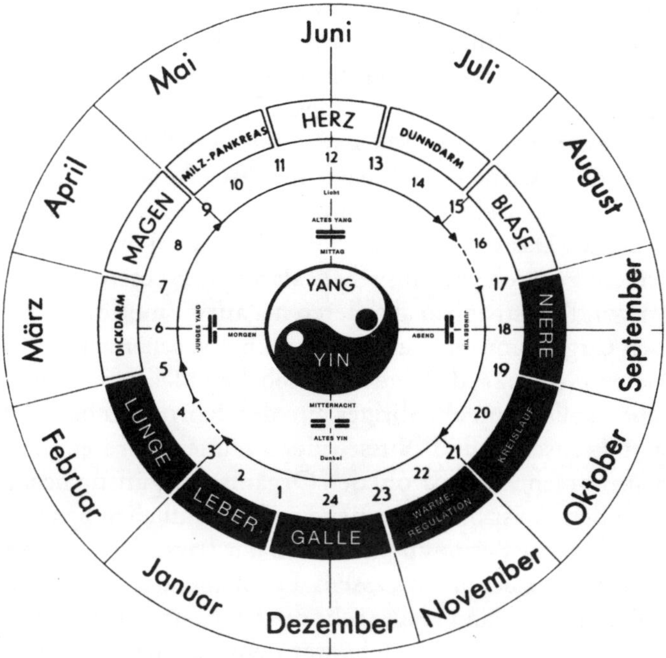

Abb. 26: Chinesische Organuhr nach Dr. Stiefvater

Die chinesische Organuhr nach Dr. Stiefvater

Meine jahrelangen Erfahrungen haben bestätigt, daß sich bestimmte Rhythmen immer wiederholen. Die Organuhr nach Dr. Stiefvater ist ein ausgezeichnetes Hilfsmittel, um zum Beispiel Leistungsabfall, der täglich zur gleichen Zeit einsetzt, richtig deuten zu können. In den meisten Fällen liegt eine gestörte Funktion eines Körperorgans zugrunde.

Am besten zeigen uns Schlafstörungen die Schwachstellen des Organismus. Warnen möchte ich an dieser Stelle vor dem Trugschluß, daß Fernsehen entspannend auf einen gestreßten Menschen wirkt. Das Gegenteil ist der Fall. Sowohl die Strahlen, die von einem Fernsehgerät ausgehen, als auch aggressive Filme oder Bilder von Katastrophen aktivieren negative Emotionen, die sich auf den Organismus niederschlagen. Die Naschereien und alkoholischen Getränke, die einen Fernsehabend leider viel zu häufig versüßen sollen, tun ein übriges, um den Körper zu belasten.

Statt Fernsehen und Nüsse oder Pralinen wäre ein Spaziergang angebracht, der sowohl den Organismus günstig beeinflußt als auch den Geist beruhigt. Bei einem abendlichen Spaziergang kommt man zur Besinnung und ist in der Lage, den vergangenen Tag Revue passieren zu lassen. Probleme oder unbewältigte Aufgaben haben dann nicht mehr die Kraft, uns bis in den Schlaf zu verfolgen. Auch Gespräche mit dem Partner kommen beim Spazierengehen leichter in Gang.

Galle-Leber-Zeit 23 bis 3 Uhr

Wer regelmäßig zwischen 23 und 3 Uhr aufwacht, sollte dringend die Leber und Gallenblase mit sanften Heilmethoden in Ordnung bringen. Sie können sich homöopathische Mittel bereitstellen, die Sie einnehmen, wenn Sie nachts aufwachen. Wichtig ist, daß Sie Ihre Eßgewohnheiten überprüfen (besonders die Abendmahlzeit sollte den Organismus nicht belasten).

Der Hauptgrund der Störungen liegt wahrscheinlich in Überbelastung (Streß) und Ärger.

Lungen-Zeit 3 bis 5 Uhr

Nach 3 Uhr gibt die Leber ihre Kräfte oder Überlastung an die Lunge weiter. Krankenschwestern und Ärzte bestätigen, daß die meisten Patienten in Krankenhäusern zwischen 3 und 5 Uhr morgens sterben. Für viele Kranke ist der »frische Atem« des jungen Tages zu kraftvoll – der Organismus ist der Anstrengung nicht mehr gewachsen, und das Leben wird »ausgehaucht«.

Wer Probleme mit der Lunge hat, hustet zu dieser Zeit besonders stark, weil sich die Lunge von Ballast befreien möchte. Die Leber hat der Lunge über den Blutkreislauf nochzusätzliche Schadstoffe zugeschoben.

(Kraß haben wir diese Situation erlebt bei dem Speiseölskandal in Spanien. Die Menschen bekamen eine gefährliche Lungenentzündung nach dem Genuß des Öles, das ja die Leber schädigte.)

Viele depressiv veranlagte Menschen wachen zwischen 3 und 5 Uhr auf und können nicht mehr einschlafen. Für sie ist der Tagesanbruch eine reine Katastrophe, und sie haben während der Nacht nicht genügend Kräfte sammeln können, um den erneuten Belastungen zu begegnen.

Heilsam kann eine Reinigung des ganzen Körpers wirken, durch die Probleme und der Schmutz des Alltags beseitigt wird. Der Mensch wird nicht nur äußerlich »reiner«, wenn er die Säuberung bewußt vollzieht.

Innerlich kann man den Organismus bis in die einzelnen Zellen durch tägliche Atemübungen reinigen und mit Energie durchfluten. Man sollte sich ein paar Minuten lang nur auf den Fluß des Atems konzentrieren und alles Belastende und Vergangene ausatmen, dafür neue Kräfte beim Einatmen schöpfen. Wenn Sie diese Übungen über einen längeren Zeitraum täglich ausführen, werden Sie spüren, daß Sie ausgeglichener und belastbarer sind. Außerdem hilft die Reflexzonenmassage.

Dickdarm-Zeit 5 bis 7 Uhr

In dieser Zeit bekommt der Dickdarm meist Gelegenheit, den Ballast des vorigen Tages »loszuwerden«.

Regelmäßige Verdauung ist wichtig für das körperliche Wohlbefinden und, auch wenn das in den Ohren mancher merkwürdig klingt, für die Seelenhygiene. Stuhlentleerung ist ein »Abwerfen« von Belastendem und Vergangenem. Wenn wir den Verdauungsvorgang bewußt erleben, können wir uns auch von Problemen und seelischem Ballast eher befreien.

Bei Verdauungsstörungen ist körperliche Bewegung zu empfehlen. Achten Sie auch auf ihre Ernährung, Vollkornbrot und frisches Obst und Gemüse enthalten Ballaststoffe, die die Darmtätigkeit aktivieren. So können Sie Ihren Stuhlgang auf sanfte, unschädliche Weise regulieren.

Nicht oft genug kann man vor aggressiven Abführmitteln warnen, die die natürliche Darmflora zerstören und bei regelmäßiger Einnahme ernsthafte Krankheiten hervorrufen. Oft hilft ein Glas heißes Wasser, nach dem Aufstehen getrunken.

Magen-Zeit 7 bis 9 Uhr

Zu dieser Zeit meldet sich der Magen mit Hunger. Die morgendliche Nahrungsaufnahme, das Frühstück, ist wichtig für den ganzen Tagesablauf, denn es stärkt uns für die Alltagsbelastungen. Deshalb sollte man gerade das Frühstück bewußt zubereiten und genießen. Grundsätzlich sei gesagt, daß man statt Kaffee lieber Tee, der im übrigen genauso belebt und wach macht, zu sich nehmen sollte. Besonders gesund ist ein Müsli – mit frischem Obst zubereitet – und Vollkornbrot statt Brötchen aus weißem Mehl. Zum Süßen sollte man keinen weißen Zucker, sondern Honig verwenden.

Milz-Pankreas-Zeit 9 bis 11 Uhr

In dieser Zeit erleiden viele Menschen einen Leistungsabfall, der durch das Abfallen des Blutzuckerspiegels bedingt ist. Menschen, denen die Zusammenhänge nicht klar sind, greifen dann zu etwas Süßem oder zur Kaffeetasse. Beides hilft nur kurzfristig, denn schon nach einer gewissen Zeit überfällt einen wieder die Müdigkeit. Noch dazu hat man den Organismus mit Schadstoffen belastet.

Die Bauchspeicheldrüse (Pankreas) hat die Aufgabe, Kohlenhydrate in Zucker umzuwandeln. Wenn wir Süßes essen, füllen wir sie nur auf. Mit der Zeit kann sie träge werden. Übergewicht, das sich schwer reduzieren läßt, entsteht, und im schlimmsten Fall kann es zu Diabetes kommen.

Kaffee ist nicht nur wegen des Koffeins schädlich, viel schlimmer sind die Bitterstoffe und das verbrannte Fett, das beim Rösten frei wird: Dadurch wird die Leber, Gallenblase und Bauchspeicheldrüse geschädigt.

Zu empfehlen ist also, ein Brot oder Obst als Zwischenmahlzeit zu verzehren.

In dieser Zeit sind die meisten Menschen besonders empfindlich gegen Vorwürfe und lieblose Bemerkungen.

Herz-Zeit 11 bis 13 Uhr

Hier sei erwähnt, daß eine Zwischenmahlzeit am Vormittag (bestehend aus Früchten oder Dörrobst, das kaliumreich ist) wichtig für die Körperfunktionen ist.

Wenn man sich mit Heißhunger auf das Mittagessen stürzt, wird nicht nur der Magen, sondern besonders das Herz in Mitleidenschaft gezogen. Oft fühlt man sich dann so schlapp, daß man meint, den Rest des Tages nicht mehr überstehen zu können.

Hilfreich wäre, mittags eine leichte Mahlzeit zu sich zu nehmen und die Freizeit für einen kleinen Spaziergang oder zu einer Meditation (vielleicht für Atemübungen) zu nützen. Das kräftigt das Herz, und man ist gewappnet, um den Nachmittag ohne Beschwerden zu überstehen.

Dünndarm-Zeit 13 bis 15 Uhr

In dieser Zeit sind die meisten Menschen müde und nicht besonders leistungsfähig. Das kann an falscher Ernährung liegen. Zu schnelles Essen belastet den Magen und den Darm. Überprüfen Sie Ihre Gewohnheiten.

Eine innerliche Reinigung, zum Beispiel Fasten oder eine Molkekur, kann Ordnung im Darm schaffen und wirkt sich auch auf das seelische Wohlbefinden aus.

Blasen-Nieren-Zeit 15 bis 19 Uhr

In dieser Zeit sind die Nieren besonders aktiv, und die Blase muß entleert werden. Diese Organe sind besonders abhängig von Entspannung. Gönnen Sie sich deshlab am Nachmittag eine kurze Ruhepause, in der Sie Kräutertee trinken, um die Nierentätigkeit anzuregen. Die Ausscheidung über diese Organe ist sehr wichtig für das allgemeine Wohlbefinden. Über den Urin werden auch Giftstoffe und Schlacken aus dem Körper geschwemmt, die uns dann nicht mehr belasten oder negativ beeinflussen können. (Bei einer fiebrigen Erkrankung ist die Temperatur zu dieser Zeit am höchsten, das zeigt uns, daß diese Organe einer Reinigung bedürfen.)

Merkwürdigerweise ist den Menschen eine regelmäßige Verdauung wichtiger als die Blasenentleerung, obwohl beides für den Körper von entscheidender Bedeutung ist.

Kontrollieren Sie die Farbe und die Menge des Urins, so können Sie Veränderungen rasch feststellen und damit Ihrem Therapeuten oder Arzt darüber sprechen.

Zu empfehlen ist ausreichende Flüssigkeitsaufnahme über den ganzen Tag verteilt. Trinken Sie keine zuckerhaltigen Limonaden oder gesüßten Säfte. Gut für den Organismus sind frisch gepreßte naturbelassene Obst- und Gemüsesäfte und Kräutertees.

Kreislauf-Sexus-Zeit 19 bis 21 Uhr

Wenn wir den Tag gut überstanden haben, sind wir am Abend gelöst und entspannt. Nach dem Abendessen tut ein Spaziergang gut. Durch die frische Luft wird das Blut mit Sauerstoff angereichert, der Kreislauf wird angeregt, und wir können den Tag in Ruhe ausklingen lassen, wenn wir die Probleme, die uns zu schaffen gemacht haben, loslassen.

Dann sind wir bereit, dem Partner Freude zu spenden und selbst zu genießen.

Die Zeit des dreifachen Erwärmers 21 bis 23 Uhr

Ein deutliches Zeichen, daß das Nervensystem nicht in Ordnung ist, ist es, wenn man in dieser Zeit anfällig gegen Kälte ist. Viele

Menschen können nur in stark geheizten Räumen, mit Heizkissen oder Wärmflasche einschlafen – sie sind nicht im Gleichgewicht.

Überlegen Sie, wie Sie Ihre Lebenssituation ändern können. Vielleicht sind Sie in der Lage, mehrere Ruhepausen, über den Tag verteilt, einzulegen. Jeweils ein paar Minuten der Besinnung, Meditation oder Atemübung können sehr hilfreich sein und stören bestimmt nicht den Arbeitsablauf.

Bewegung und die richtige Ernährung unterstützen den Kreislauf und regulieren den Wärmehaushalt des Körpers. Vielleicht machen Sie vor dem Schlafengehen ein paar Gymnastikübungen am geöffneten Fenster.

Zudem sei gesagt, daß Frischluftzufuhr während der Nacht günstig auf den Organismus und erholsam wirkt.

Wenn Sie bestimmte Monate im Jahr haben, in denen Sie sich nicht wohl fühlen, depressiv oder erschöpft sind, können Sie nach der Organuhr feststellen, in welchem Bereich Ihr Schwachpunkt liegt. Dann können Sie geeignete Gegenmaßsnahmen einleiten und sich auch eine Fußmassage, durch die über die Reflexzonen die betroffenen Organe beeinflußt werden, gönnen.

Grundsätzlich gelten bei der Jahresübersicht die gleichen Empfehlungen wie bei der Tagesuhr.

Ernährung

Im vorangegangenen Kapitel haben wir erfahren, welchen Einfluß die richtige Ernährung auf den Organismus und auf das Wohlbefinden hat.

Besonders in den letzten Jahren ist viel über Nahrungsvorschriften und Diäten geschrieben und publiziert worden. Es sind unzählige Modediäten empfohlen worden, durch die man angeblich die Idealfigur erlangen kann. Viele dieser Diätvorschläge sind nicht nur unwirksam, sondern sogar ausgesprochen gesundheitsschädlich.

Wichtig für den Organismus ist eine Kost, die keine gesundheitsgefährdenden Zusätze braucht. Wenn man sich an einige Grundregeln hält, braucht man keine Angst vor Übergewicht zu haben, und kann sichergehen, sich und der Familie Gutes zu tun.

Meiden sollte man: Kaffee, Alkohol, weißen Zucker, raffinierte, das heißt, von der Industrie behandelte oder konservierte Nahrungsmittel. Pasteurisierte Milch und industriell hergestellter bzw. haltbar gemachter Joghurt sind ebenfalls vom Speisezettel zu streichen.

Am bekömmlichsten sind Vollkornprodukte, kaltgepreßte Pflanzenöle, biologisch angebautes Obst, frische Salate und Gemüse, das möglichst roh verzehrt werden sollte. Zum Würzen können Sie Meersalz (in geringen Mengen) und Kräuter verwenden. Zum Süßen eignet sich Rohrzucker (statt des weißen) oder noch besser Honig. Milchprodukte sollten Sie frisch vom Bauern holen und Joghurt selbst herstellen.

Der Verzehr von Fleisch ist wohl eher ein ethisches Problem. In der letzten Zeit haben sich viele Menschen dazu entschlossen, sich vegetarisch zu ernähren, weil sie der Massentierhaltung, den großen Rinderfarmen in Südamerika (denen der Regenwald weichen muß) oder den Zucht- und Mastverfahren (auch den mit Medikamenten behandelten Tieren) kritisch gegenüberstehen.

Sensitive Menschen spüren die Angst, die die Tiere vor dem Schlachten empfunden haben, und nehmen deshalb kein Fleisch zu sich. Vegetarier nehmen durch die Nahrung weniger Aggressionen auf als »Fleischesser«, und sie schützen sich vor den Hormonen und Antibiotika, mit denen Rinder und Schweine behandelt werden.

Natürlich ist es besonders wichtig, Kindern die richtige Ernährung zu bieten. Man sollte darauf achten, nur Nahrungsmittel zu verwenden, die naturbelassen sind, und auf die Ausgewogenheit des Speiseplans achten. Gerade bei Kindern können Aggressionen entstehen, wenn sie phosphathaltige Nahrung (Phosphat findet sich in vielen Fertigprodukten, auch in Brot, Würstchen und Süßigkeiten) zu sich nehmen.

Bei der Nahrungszubereitung und beim Verzehr gilt – wie bei allen Bereichen des Lebens –, daß man sich seines Tuns bewußt ist. Das hilft bei der Auswahl der Speisen und bei der schonenden Zubereitung.

Man sollte nie vergessen, daß man durch die Nahrung Energien zu sich nimmt, die sich auch negativ auf den Körper, den Geist und die Seele auswirken können. Bei bewußt ausgewählten Nahrungsmitteln, die alle lebenswichtigen Nährstoffe enthalten, kann man sicher sein, daß man sich selbst und seine Lieben ausreichend versorgt.

Fußreflexzonen – Behandlungsempfehlungen

Im folgenden möchte ich Ihnen Tips geben, welche Reflexzonen Sie bei bestimmten Symptomen und Krankheitsbildern behandeln müssen. Auf den Tafeln (Seite 22 und 23) finden Sie die Punkte, die den einzelnen Organen und Körperteilen zugeordnet sind.

Allergien	Lymphsystem, Nieren, Blase, Leber, Gallenblase, Darm, Milz reinigen.
Angstgefühl	Wirbelsäule, Halswirbel, Brustbein, Bronchien, Nieren, Blase, Sonnengeflecht sanft massieren. Becken stabilisieren, Bodenkontakt.
Aggressionen	Kopf, Leber, Gallenblase und Magen sanft durcharbeiten. Danach das Sonnengeflecht und das Becken als Gegenpol massieren.
Armschmerzen	Halswirbelsäule lösen. Oberarm, Magen, Bauchspeicheldrüse, Becken, Blasenschließmuskel sedieren. Milz bei Entzündungen bearbeiten.
Arthritis	Wirbelsäule, Becken, Hüftgelenk, Ellbogen, Knie, Nieren, Blase, Leber, Gallenblase massieren. Große Zehen im Grundgelenk kreisen. (Bei Arthritis ist gesunde Ernährung sehr wichtig.)
Arthrose	Halswirbelsäule (große Zehe langsam, aber ausführlich kreisen), Stoffwechsel anregen, Gelenke, Magen (dreifacher Erwärmer), Hypophyse sedieren. (Auf die Ernährung achten!)

Asthma	Lymphwege, Bronchien, Lunge, Nieren, Blase, Leber, Darm reinigen. (Eventuell entsteht Auswurf.)
Augenleiden	Nacken, Halswirbelsäule, Augenzonen, Sonnengeflecht, alle Regionen der Gürtellinie, Leber, Nieren, Magen, Gallenblase, Bauchspeicheldrüse behandeln.
Beine	Kreuzbein, Becken, Oberschenkel, Knie, besonders Zehen behandeln, damit die Meridiane angeregt werden.
Blase	Wirbelsäule, besonders Kreuzbein, Nieren, Blase, Blasenschließmuskel entspannen. (Oft verspürt der Patient nach der Behandlung verstärkten Harndrang.)
Bluthochdruck	Wirbelsäule (besonders Brustwirbelsäule), Nieren, Blase, Leber, Gallenblase und Blasenschließmuskel behandeln. (Wenn die Prostata zurückstaut, entsteht oft Hochdruck!)
Brustdrüse	Hypophyse, Gallenblase, Bauchspeicheldrüse am Fußrücken behandeln. Eierstöcke und Gebärmutter entspannen.
Cellulitis	Hyphphyse, Kreuzbein, Eierstöcke, Oberschenkel und Knie massieren. Stoffwechsel anregen.
Depressionen	Bei schweren Depressionen guten Therapeuten aufsuchen, hier kann man mit einer Fußmassage allein nicht heilen.
Depressionen (latent)	Gute Erfolge. Oft augenblickliche Lösung aus dem nebelhaften Zustand; wenigstens zuerst für kurze Zeit. Stoffwechsel anregen – gleichsam Negatives ausscheiden, über Nieren-Blase und Darm. Nervensystem über Sonnengeflecht entlasten.

	Lebermeridian-Beginn an der Schläfengegend am großen Zeh.
Entwicklungsstörungen	Kopfzonen sanft durcharbeiten. Stoffwechsel anregen. Kniedurchlässigkeit ist wichtig. So früh wie möglich Therapeuten aufsuchen.
Erkältungen	Nase, Stirn, Kieferhöhlen, Mandeln, Lymphe, Nieren, Blase, Bauchspeicheldrüse, Magen, Milz, Darm und Blasenschließmuskel behandeln. Ausscheidung anregen.
Fettsucht	Hypophyse, Stoffwechsel anregen. Bauchspeicheldrüse und Magen beruhigen. »Tore« an den Knien öffnen. (Oft lösen sich über eine Ganzheitsbehandlung psychische Störungen, die übertriebene Eßlust verursachen.)
Gallenblase	Wirbelsäule, Sonnengeflecht, Leber, Gallenblase, Gallengang, Harnwege, Darmausgang, Beckenboden massieren. Gallenmeridian in Fluß bringen.
Grippe	Für die Darmreinigung sorgen. Nieren, Harnwege und Blase aktivieren.
Haarausfall	Nacken, Halswirbel und Kopfzonen bearbeiten. Darmtätigkeit und Stoffwechsel anregen.
Hände, kalte oder taube	Halswirbelsäule, Oberarmbereich, Ellenbogen und Hände massieren. Blasenschließmuskel ganz bewußt mehrmals entspannen. (Innerer Knöchel für Innenhand, äußerer Knöchel für Außenhand. Oberster Halswirbel entspricht Daumen, unterster Halswirbel dem kleinen Finger.)

Herzbeschwerden	Bei ernsthaften Erkrankungen muß ein Arzt aufgesucht werden. Halswirbelsäule, Wirbelsäule, Brustbein, Schultergebiet entspannen. Schilddrüse, Bronchien und Herzzone sanft sedieren. Leber, Gallenblase, Magen, Bauchspeicheldrüse, Milz, Nieren, Blase massieren. Beckenzone gut durcharbeiten, das löst die Angst und den Überdruck. Auf Wärmegefühl bis in die Fingerspitzen achten. Bauchspeicheldrüse beidseitig entspannen.
Heuschnupfen	Lymphentstauung. Nieren, Blase, Nase, Stirn, Kiefernhöhlen, Beckenbogen, Blasenschließmuskel sanft massieren. (Schon im Winter sollte mit einer homöopathischen Kur begonnen werden.)
Hüftgelenk	Am äußeren Knöchel Oberschenkel, Gesäß, Kreuzbein und Becken entstauen. Knie, Schultergebiet und Nacken lockern.
Ischias	Wirbelsäule in der Höhe der Bauchspeicheldrüse lockern (das kann sehr schmerzhaft sein). Nieren, Blase, Lendenwirbelsäule (besonders das Kreuzbein) entspannen. Gesäß, Hüftgelenk, Oberschenkel, Blasenschließmuskel entspannen. Gallenmeridian aktivieren.
Kinderlosigkeit	Hypophyse zur Hormonregulierung anregen. Eileiter und Eierstöcke reinigen. Gebärmutter entspannen. (Oft entsteht am Anfang einer solchen Behandlung starker Ausfluß.)
Knie	Oft sind Stoffwechselstörungen die Ursache für Schmerzen in den Knien. Nieren-, Leber- und Milz-Pankreas-Meridiane

aktivieren. Über den Gallenmeridian die Organe anregen. Über alle Zehen die Meridian-Energie zum Fließen bringen.

Kopfschmerzen

Zunächst nach der genauen Schmerzstelle fragen. Kopfschmerzen sind oft Alarmsignale der Organe.

Schmerzen über den Augen, vom Nacken aufsteigend:

Nieren, Blasen, Blasenschließmuskel behandeln. Blasenmeridian in Fluß bringen.

Schmerz im Schläfenbereich (Migräne):

Leber, Gallenblase, Magen, Bauchspeicheldrüse massieren. Gallen- und Magenmeridian sedieren. (Eßgewohnheiten ändern!)

Schmerzen am Hinterkopf:

Halswirbelsäule, Nacken, Becken lockern. Bei wiederkehrenden Schmerzen könnte eine Entzündung im Unterleib vorliegen.

Schmerzen im ganzen Kopf:

Beckenzone lockern. Hilfreich sind auch kalte Fußgüsse.

Allgemeine Empfehlung:

Wenn sich die Kopfschmerzen nicht verbessern, muß ein Arzt aufgesucht werden. Vielleich ist im gynäkologischen Bereich, an den Nieren, der Leber oder an der Gallenblase etwas nicht in Ordnung. Oft werden bei Kopfschmerzen nur Schmerzmittel eingenommen, die zwar die Beschwerden für kurze Zeit lindern, nicht aber die Ursache beseitigen.

Krampfadern

Kreuzbein, Gesäß, Hüfte, Oberschenkel, Leber, Gallenblase, Darm massieren. Wenn sich die Krampfadern am Fuß befin-

	den, sollte man diese Stellen nicht berühren. In diesem Fall kann man über die Reflexzonen an den Händen arbeiten.
Lernschwierigkeiten	Ganzkörperbehandlung am Fuß. Sonnengeflecht beruhigen. Magen und Bauchspeicheldrüse entspannen. Die Kopfzone sanft massieren.
Magenbeschwerden	Der Schmerzpunkt zeigt die verspannteste Stelle. Leber, Gallenblase und Bauchspeicheldrüse entspannen. Nieren und Blase entlasten. Kreuzbein und Becken lockern.
Menstruations-beschwerden	Hypophyse, Eierstöcke und Gebärmutter sanft beeinflussen (bei dieser Behandlung entsteht anfangs oft ein starker Ausfluß).
Müdigkeit	Stoffwechsel über Ganzheitsbehandlung anregen. Bei Erschöpfungszuständen sollte man viel Flüssigkeit zu sich nehmen; das reinigt die Organe.
Multiple Sklerose	Muß natürlich vom Arzt behandelt werden. Entlastung schafft das Anregen des Stoffwechsels. Obere Halswirbel lockern. Auf die Ernährung achten.
Nackenschmerzen	Halswirbelsäule, Nacken und Becken als Gegenpol lockern. Hier hilft auch eine Kopfmassage direkt an der Schädelbasis.
Nervosität	Ganzheitsarbeit. Magen, Sonnengeflecht, Herz, Leber, Gallenblase, Nieren und Blase behandeln. Beckenboden entspannen. Sonnengeflecht sedieren.
Nierenbeschwerden	Nieren, Blase, Bauchspeicheldrüse, Gallenblase, Blasenschließmuskel und Harnwege beeinflussen.

Ohrenschmerzen	Ohrenzonen (großer Zeh und im Grundgelenk der kleinen Zehen) und Milz bearbeiten. Bei hohem Fieber muß ein Arzt konsultiert werden. Oft sind Harnstauungen die Ursache von immer wiederkehrenden Ohrenschmerzen. Deshalb muß der Blasen- und Gallenmeridian in Fluß gebracht werden. Bei Ohrenschmerzen, die durch Druckunterschiede (Höhenunterschiede oder beim Fliegen) entstanden sind, kann man über die Reflexzonen an den Händen Linderung erreichen.
Rheuma	Stoffwechsel anregen. Alle Organe über die Reflexzonen reinigen. Rheumakranke müssen sehr genau auf die richtige Ernährung achten.
Schilddrüsenstörung	Schilddrüse, Brustbein, Lymphsystem und Sonnengeflecht behandeln. Herzzone durchbluten. Becken stabilisieren und Halswirbelsäule ausgleichen.
Schlafstörungen	Den ganzen Körper über die Reflexzonen behandeln. Schläfen und Becken beeinflussen. Sonnengeflecht und Augenpunkte auf den großen Zehen beachten.
Schwangerschaft	Bei schwangeren Frauen müssen Sie äußerst behutsam arbeiten! Die Reflexzonentherapie wirkt sehr wohltuend, besonders wenn die Patientin schon vorher in Behandlung war. Den Beckenboden entspannen (Vorsicht bei Frauen, die schon Fehlgeburten hatten! Fehlgeburten kann mit Hypophysenanregung zur Regulierung der Hormone vorgebeugt werden.) Eine Ganzkörperbehandlung über die

	Fußzonen ist eine gute Geburtsvorbereitung. Die Wehentätigkeit kann über den Hypophyse-Reflexpunkt angeregt werden.
Schulterschmerzen	Halswirbelsäule, Schultergelenk, Oberarm, Leber, Gallenblase, Bauchspeicheldrüse, Milz, Darm und Unterleibsorgane behandeln. Schulterblatt gut ausziehen, damit die Energie frei strömen kann. Auch das Becken sollte bei Schulterproblemen stabilisiert werden.
Schweißausbrüche (nachts und während der Wechseljahre)	Stoffwechsel anregen. Hypophyse, Sonnengeflecht und Beckenzonen (besonders Eierstöcke beziehungsweise Hoden) beeinflussen. Nieren anregen.
Vegetative Dystonie (Nervenschwäche)	Sonnengeflecht, Leber, Gallenblase, Magen, Bauchspeicheldrüse, Herz, Darm, Nieren, Blase behandeln.
Verstauchung	So schnell wie möglich behandeln! Zuerst die Zonen am unverletzten Bein oder Arm (an der gleichen Stelle). Lymphwege entstauen. Die verletzte Stelle nachher bandagieren.
Verstopfung	Leber, Gallenblase, Bauchspeicheldrüse, Magen und Darm aktivieren. Sonnengeflecht beeinflussen.
Völlegefühl	Bauchspeicheldrüse, Leber, Gallenblase, Magen, Darm, Nieren und Blase aktivieren.
Wadenkrämpfe	Ganzkörperbehandlung über die Reflexzonen. Nieren und Blase aktivieren. Halswirbel lockern.
Zahnschmerzen	Müssen von einem Zahnarzt behandelt werden. Über die Reflexzonenarbeit kann

man jedoch Eiterherde lokalisieren, die im schlimmsten Fall zu ernsthaften Erkrankungen führen können, wenn man sie nicht rechtzeitig behandelt.

Vor und nach Operationen können Staungen durch die Reflexzonenmassage gelöst werden. Schmerzen sind dann erträglicher, weil die Energien frei fließen.

Fallbeispiele

Allergien

Immer mehr Menschen leiden an allergischen Erkrankungen. Meist sind schädliche Umwelteinflüsse oder Nahrungsmittelzusätze die Ursache einer Allergie. Aber auch bedenkenlose Medikamenteneinnahme kann den Körper so schwächen, daß das Immunsystem nicht mehr richtig funktioniert. Alle möglichen Krankheiten, Erschöpfungszustände oder Niedergeschlagenheit sind die Folge.

Die Halswirbelsäule muß gelockert und gerade gerichtet werden, damit wird auch die Kopfzone durchlässiger, und die Schilddrüse wird angeregt (auch die Nebenschilddrüse). Alle ausscheidenden Organe sollen gut durchblutet sein.

Ein achtjähriger Junge kam zu mir in die Praxis. Er war in der Schule schlecht und benahm sich seinen Mitschülern gegenüber besonders aggressiv. An seinen Füßen konnte ich erkennen, daß die Milz und das Brustfell sehr empfindlich waren. Es stellte sich heraus, daß der ausgesprochen sensible Junge zwei Jahre zuvor an einer Lungenentzündung erkrankt war, die mit starken Medikamenten behandelt wurde. Genau zu dieser Zeit begannen auch seine Schwierigkeiten in der Schule. Offensichtlich hatte sein Körper die Wirkstoffe der Medikamente nicht ausreichend verarbeitet.

Nach zwei Fußreflexzonenbehandlungen innerhalb von zwei Wochen fühlte sich das Kind sehr erschöpft – es wollte nicht einmal mehr spielen. Für mich war das ein Zeichen, daß meine Therapie anschlug. Der Körper des Jungen mußte eine enorme Leistung vollbringen, um sich von den Giftstoffen zu befreien und die noch vorhandenen Entzündungen zu überwinden. Bei der dritten Behandlung schon machte der Junge einen gelösten und zufriedenen Eindruck, und nach der vierten hatte er keine Beschwerden mehr und konnte sich besser in der Schule eingliedern.

Natürlich braucht es bei starken Entzündungen Medikamente. Aber die Ausheilung kann zum Beispiel über die Reflexzonen geleistet werden.

Akne

Durch die Haut stehen wir mit der Außenwelt in Kontakt. Je nach Umwelteinflüssen (seelischen wie physischen), die wir »verdauen« müssen, ist die Reinheit unserer Haut beschaffen. Hormonstörungen und psychische Probleme können auch die Ursache für Pickel und unreine Haut sein.

Wichtig ist bei der Behandlung, daß der Stoffwechsel angeregt und die Ausscheidungsorgane aktiviert werden, damit Giftstoffe und Schlacken abtransportiert werden können. Die Durchblutung im ganzen Körper wird aktiviert, Muskelverspannungen und das Rückgrat werden gelockert und durchlässiger gemacht.

Eine junge Frau kam zu mir, weil ihre Haut mit entzündeten Pusteln übersät war. Sie fühlte sich erschöpft und depressiv. Nach der zweiten Fußmassage brach sie in Tränen aus und weinte fast eine Stunde. Einige Tage danach waren die Pickel abgeheilt, und nach der sechsten Behandlung fühlte sie sich auch wieder wohl und wurde unternehmenslustiger.

Angstgefühle

Ängstliche Menschen erkennt man oft schon an der Körperhaltung. Die Schultern sind – zum Schutz des Kopfs – hochgezogen, der Nacken wirkt steif. Es ist klar, daß der Atem und die Energien bei einer solchen Haltung nicht frei fließen können, deshalb müssen bei einer Fußreflexmassage erst einmal alle körperlichen Verspannungen gelöst werden, damit sich der Patient mit frischer Energie dem Alltag stellen kann. Wenn er sich bewußt macht, daß er mit beiden Beinen (Füßen) fest im Leben steht, verschwinden auch die Angstgefühle. In den meisten Fällen arbeiten auch die Ausscheidungsorgane bei verängstigten Menschen nicht richtig, dann kommt es zu Schweißausbrüchen. Mutlosigkeit und Depressionen können die Folge sein.

Vor Jahren behandelte ich ein vierzehnjähriges Mädchen. Das Kind war sehr still und blaß und litt an undefinierbaren Kopf- und Bauchschmerzen und hatte Schwierigkeiten in der Schule. Nach fünf Behandlungen war das Mädchen wie verwandelt, es erzählte ohne Hemmungen von sich, sah gesund und frisch aus und wirkte gelöst. Sie war schmerzfrei und hatte plötzlich eine positive Ausstrahlung. Ihre Freunde und die Lehrer reagierten prompt auf diese Veränderung.

Der Hinweis, beide Füße auf dem Boden zu spüren, wenn etwas Schwieriges kommt, half ihr auch weiterhin, an sich selbst zu glauben. Sie hatte es geschafft!

Die Bauchschmerzen zeugten von Rückstau im Harnleiter, zum Teil auch im Darm. Die Kopfschmerzen sind immer Alarm, je nach Kopfpartie, wo etwas stört. Sie sind vergleichbar mit roten Warnlämpchen, die aufleuchten. Werden sie mit Medikamenten unterdrückt, gleicht dies einem Herausschrauben der Sicherung. Am Fuß kann »entwarnt« werden, weil die Ursachen angegangen und gelöst werden.

Aggressionen

Aggressionen haben immer mit Leber-Gallenproblem zu tun, sei es ursprünglich vom Typ her oder erworben über unterdrückte Wut oder durch Medikamente verschiedener Art, nicht zuletzt Antirheumatika und Antibiotika. Oft haben solche Menschen einen dunklen Teint, weil mehr Gallenstoffe im Blut verbleiben.

Solche Menschen müssen lernen, ihre Füße so am Boden zu spüren, daß sie sich wie ein Blitzableiter fühlen können. Damit können sie gelassener reagieren und ihre oft begründete Wut so abgeben, daß sie von der Umgebung angenommen werden kann und niemandem schadet.

Die Fußarbeit kann wesentlich zu diesem Ausgleich führen. Dazu bedarf es starker Becken- und Kreuzbeinarbeit, um den Atem in den Beckenraum zu holen. Es ist sehr nützlich, die Hände auf den Unterbauch zu legen, um den Atem dort zu spüren.

Neben sanfter Großzehenarbeit, also Kopfzonen mit Entspannen des Nackens, sind vor allem die Leber- und Gallenzone wichtig. Der Gallenmeridian, ausgehend vom zweitkleinsten Zehen außen am Bein entlang über Oberschenkel (Cellulitis) in den Bauchraum bis zur Schläfe und Stirn, hat damit zu tun. Fließen die Energien nicht ausreichend, kann von Wutausbrüchen bis zur Migräne und Depression alles vorkommen.

Auch Menstruationsprobleme gehören in diese Symptomatik.

Natürlich sind das Nervensystem und die Magenzone ebenfalls direkt beteiligt. Solche Menschen sollten nicht noch Kaffee trinken und Schokolade essen. Auch fette Speisen, vor allem am Abend, geben ihnen weitere negative Energien, lassen sie außerdem nicht schlafen bis gegen drei Uhr (Leberzeit der Organuhr)! Leber-Galle-betonte Menschen besitzen jedoch auch sehr viel Durchsetzungskraft im Guten, wenn ein Ausgleich geschaffen wird.

Es ist stets eine große Freude, wenn Menschen nach einigen Behandlungen beglückt gestehen, daß sie viel ausgeglichener reagieren können. Damit läuft im Familien- und Arbeitsleben alles viel leichter ab, und es entsteht eine Zufriedenheit mit sich selbst, die weiter zum Guten hilft.

Armschmerzen

Armschmerzen oder »Einschlafen der Arme« sind in erster Linie mit Verspannung oder sogar Verschiebungen der Halswirbelsäule verbunden. Oft ist sanfte Massage am Hals direkt von großem Vorteil. Außerdem bestimmte klare Arbeit im Halswirbelbereich, wo die aus der Reihe tanzenden Wirbelkörper deutlich fühlbar sind. Diese »chiropraktische Arbeit« am Fuß ist sehr schmerzhaft, aber auch von sensationeller Wirkung und ungefährlich.

Nach dem Lösen von Verspannungen um die Halswirbelkörper müssen die ganzen Zehenansätze von allen Schmerzstellen freigemacht werden. Also tief und langsam arbeiten bis ins Schultergelenk und die Außenseite der Füße entlang bis in die Zonen der Hände und damit den Beckenraum. Einmal mehr ist die Entspannung der unteren Wirbelsäule von großer Wichtigkeit!

Hände, die immer noch nicht warm werden, können weiter über den Dickdarmmeridian, am Ansatz des Muskels vom Unterarm durchblutet werden. Auch die Anregung der Meridiane über alle Fingerkuppen, rechts und links des Nagelbettes hilft, Energien auszugleichen.

Schulter- und Armschmerzen rechts haben mit Leber-Galle-Problemen, also mit Wut, zu tun, Probleme links meist mit Milz und Pankreas, was eher Menschen betrifft, die introvertiert sind und über oft lange Zeit kaum vor sich selbst ihre Verletzlichkeit eingestehen.

Es gibt sehr viele langjährige Schulterprobleme, welche durch diese Ganzheitsbehandlung, oft schon bei der ersten Behandlung, weitgehend oder sogar ganz gelöst werden. Allerdings muß sehr gezielt in der Halswirbelzone gearbeitet werden!

Außerdem sind die Innenseiten der Knie maßgeblich mitbeteiligt an allen Schulterschwierigkeiten. Durch breitflächigen Druck auf je drei Meridiane Nieren-Pankreas-Milz und die Leber unterhalb des Knies am Ansatz des inneren Muskelstranges können gestaute Energien freigelegt werden. Das wirkt sich absolut erlösend auf den Menschen aus! Schulterbelastungen bedeuten ja auch psychische Belastungen (sein Kreuz tragen – sich davon niederdrücken lassen bis in die Knie).

Können wir uns wieder aufrichten, sind auch symbolisch »die Sterne wieder zu sehen«.

Asthma

Hat mit Druck auf der Seele zu tun, einer Beengung des eigenen Lebensraumes, durchs Atmen manifestiert!

Das äußert sich natürlich auch in der Körperhaltung. Leider haben wir die Tendenz, uns bei Bedrohung zusammenzuziehen, Schultern hochzuheben, anstatt sie auszuweiten. (Tiere machen sich größer, um gefährlicher zu wirken!)

Außerdem wird das Durchatmen allgemein völlig falsch verstanden, leider oft auch von Therapeuten. Es wird nur der Brustraum geweitet, statt bis ins Becken durchzuatmen.

Entlastendes Atmen ist fühlbar bis in den Beckenraum ohne Zwang, mit viel Betonung auf Entleeren und Ausatmen, besonders bei Asthma- oder Heuschnupfenkranken. Jeder Mensch hätte diese Arbeit des »Loslassens« sehr nötig, um zu seiner »Mitte« zu finden. Erreicht wird dieses Ziel am leichtesten, wenn wir die Hände auf den unteren Bauchraum legen, um dort den Atem zu spüren.

Die »Mitte«, im Fernen Osten »Hara« genannt, bedeutet sowohl Beckenraum als auch Verbindung von Erdkräften von unten her und auch kosmische oder geistige Kräfte von oben – also Vereinigung von Körper und Geist, körperlich-materiell wie auch seelisch-geistig in Harmonie.

Die Aufgabe des Menschen besteht in bewußter Verbindung dieser Kräfte. Das führt zu Harmonie in uns selbst, was unser Handeln im Alltag bestimmt und damit die ganze Welt zum Guten beeinflußt.

Am Fuß bearbeiten wir besonders die Lymphwege, im Brustraum am Ansatz der Zehen bis weit in den Fußballen, besonders auf der oberen Seite des Fußes.

Bronchien und Lunge selbstverständlich, aber auch Stirn- und Kieferhöhlen, welche oft verstopft sind, wenn nicht durch die Nase geatmet wird. An den Großzehen, Nasenzonen freimachen, mit Nachdruck, bis die Energien wirklich in der Kopfzone ankommen.

Ebenso wichtig sind alle Ausscheidungsorgane, somit Nebenniere, Niere, Blase und Leber, Galle, Bauchspeicheldrüse und Darm. Nervensystem und Magengebiet gehören ebenfalls ausgleichend dazu.

Alle cortisonhaltigen Medikamente wirken verheerend auf Langzeit, weil sie die Eigenarbeit der Nebennierenrinde verunmöglichen. Diese bildet normalerweise den Stoff mit dem Adrenalin zusammen selbst.

Bei einem jungen Seminaristen wurde die Ausbildung in Frage gestellt, infolge seines Gesundheitszustandes. Nach zwei Behandlungen war der junge Mann fähig, jede Sportart problemlos mitzumachen. Es trat kein Anfall mehr auf, weil der Körper sich von allen Giften gereinigt hatte. Die Organe, besonders die Nieren, arbeiteten wieder normal.

Das war allerdings ein außergewöhnlich schneller Erfolg.

Arthritis und Arthrose

Werden oft als endgültiges Urteil angesehen, meistens mit dem Hinweis auf Abnützung der Gelenke und dem leisen Stolz im Unterton, man habe eben sein Leben lang zu viel gearbeitet.

Diese beiden Rheumaarten haben beide mit mangelndem Stoffwechsel, oft falscher Ernährung – Säureüberschuß in der Nahrung durch Fleisch, Fett, Weißmehl, Zucker, Kaffee – und auch zuviel Obst und Joghurt zu tun. Basenausgleich geschieht über Salate und Gemüse. Schalenkartoffeln mit Quark und Salat wirken zum Beispiel ausschwemmend und damit auch entlastend auf der Waage, wohingegen sogar Käse eher säurend wirkt. Dieses »Sauersein« hat natürlich auch einen seelischen Zusammenhang.

Sehr oft und besonders bei Arthrose sind ungleich lange Beine und damit ein Beckenschiefstand mitschuldig an Hüft- und Knieschmerzen. Es ist sehr wichtig, dies durch Einlagen im Schuh oder erhöhte Sohlen auszugleichen, auch um einer Hüftoperation vorzubeugen. Noch besser wirkt ein guter Chiropraktiker.

Die Blockade im Becken, die dadurch entsteht, bewirkt manchmal eine langjährige »Vergiftung« über mangelnde Ausscheidung von Nieren, Blase und Darm.

Dadurch wird jede Zelle, vorab jedoch die Gelenke mit Rückständen überfüllt, die schmerzen. Vor allem aber wird der Blasenmeridian, der den ganzen Rücken breitflächig bedient, so gestaut, daß primär das Kreuzgebiet und letztlich alles schmerzt. Auch die Polster in der Kniekehle sind solche Ablagerungen, welche zu weiteren Fehlhaltungen der Beine und des Rückens führen.

Eine etwa fünfzigjährige Frau kam nach jahrelangen Therapien, auch im Ausland, mit der Angst vor dem Rollstuhl in die Behandlung. Diese dauerte über ein Jahr, fast allwöchentlich, bis wirklich ausdauernde Besserung eintrat. Anfänglich verschwanden die Schmerzen für Stunden, dann für Tage. Die Müdigkeit und auch Lustlosigkeit war groß. Die Schmerzen stellten sich immer wieder neu ein, vor allem im Kreuz.

Eine längerdauernde Fußbehandlung führt, wie bei einem zurücklaufenden Film, zu den Anfängen der Beschwerden. Diese liegen gerade bei solchen Krankheiten sehr oft in langjährig verhockten Stirn-Kieferhöhlenentzündungen und nachheriger Bronchienbelastung. Bei dieser Frau dauerte es über ein Jahr, bis keine neuen Eiter/Schleimreste mehr ausgespuckt werden mußten. Damit war die Heilung eingeleitet. Sie lebt seit einigen Jahren praktisch ohne Beschwerden.

Augenleiden

Sind mir ein großes Anliegen. Die Augen sind in vollem Maße vom Allgemeinzustand abhängig. Sie sind unsere Seelenfenster, die sich schließen können, wenn zuviel Trauriges einfällt. Es kann durch Schock Blindheit entstehen. Viel öfter jedoch werden Menschen kurzsichtig, wenn sie etwas in ihrem Leben nicht sehen wollen. Wir sprechen auch von »leeren« Augen, wenn jemand innerlich keinen Anteil mehr nehmen will oder kann an seiner Umwelt.

Sehr wichtig ist die Entspannung des Nackens und Schulterraumes, um eine gute Durchblutung des Sehnerves zu gewährleisten. Dies ist direkt im Nackenbereich möglich, aber ebenso wichtig auch am Fuß.

Die Augen haben große Verbindung mit allen Organen der Gürtellinie. Also besonders Nervensystem-Sonnengeflecht – Magen, bei Nachtblindheit mit Leber-Galle zusammen. Damit können auch die A-Vitamine der Carotins wieder besser aufgenommen werden.

Außerordentlich wichtig ist aber die Bauchspeicheldrüse. Es ist allgemein bekannt, daß Diabetes, eine Schwäche oder Krankheit des Pankreas, letztlich Blindheit verursachen kann. Also vorbeugen! Weiter sind Nieren und Blase maßgeblich mitbeteiligt. Schon bei leichtem Rückstau tränen unsere Augen häufiger. Bei zu wenig Flüssigkeitszufuhr können sie sandig, trocken und entsprechend unangenehm sein. Augenentzündungen können meist über Anregung der Nierentätigkeit von den Füßen her sehr schnell und nachhaltig zum Abklingen gebracht werden!

Eine junge Frau brauchte nach monatelangen erfolglosen Cortisonbehandlungen, nur zwei Behandlungen, um beschwerdefrei zu sein.

Eine fast 82jährige Frau kam fast verzweifelt zu mir, weil sie in wenigen Wochen fast blind wurde. Der Arzt wies auf ihr Alter hin, sie sah nur noch in Umrissen.

Schon bei der ersten Behandlung konnte mich die Frau deutlich sehen, und ihre Ängste lösten sich etwas. Ihre Ausscheidungsorgane funktionierten viel besser. Sie konnte wieder mit der Lupe lesen, nach drei Behandlungen auch wieder mit der Brille. Auch zwei Jahre später, nach erst wöchentlichen, dann 14tägigen Behandlungen, war sie fähig, mit der alten Brille zu lesen und Handarbeit zu leisten. Außerdem besorgt sie Haus und Garten wie eh und je.

Am Fuß ist besonders die Nackenentspannung anzugehen, über Halswirbel und Nackenzone mit gutem Durcharbeiten des Großzehens mit Hypophyse und dem Sehnerv, der sich im oberen Drittel des Großzehens befindet. Wenn wir den Großzehen als »kleinen Menschen« sehen, betrifft dies die Gürtellinie, also Leber-Gallenblase, Magen-Bauchspeicheldrüse und Milz, sowie die Nieren vom Gehirn aus dirigiert (Großzehen = Gehirn). Aber auch die ableitenden Organe, also der ganze Beckenraum sind wichtig, um die belastenden Gifte zu entfernen.

Die Augenzehen, also die zwei kleinen Zehen neben den Großzehen, haben speziellen Einfluß, müssen behutsam, aber genügend lange bearbeitet werden. Behutsam, um die zarte Netzhaut zu schonen, aber gleichzeitig auch gut zu durchbluten, und damit neue Kraft durchfließen zu lassen.

Diese zwei Zehen haben Bezug zum Nieren- und Magenmeridian, und damit ordnen sie den ganzen Körper samt dem Nervensystem, das ja stark von unseren Eindrücken abhängt. Eindrücke aber kommen zum großen Teil über unsere Augen ins Bewußtsein.

Beinleiden

Schmerzende oder aufgeschwemmte Beine können verschiedene Ursachen haben. Grundsätzlich sei gesagt, daß schon eine Besserung erzielt werden kann, wenn man die Meridiane aktiviert. Oft ist die Kreuzbeinregion und das Ileosakralgelenk sowie der Oberschenkel und das Hüftgelenk verspannt. Bei der Fußmassage bringt man den Stoffwechsel über die Hypophyse in Gang, behandelt die Ausscheidungsorgane und berücksichtigt auch den Schulter- und Nackenbereich. Der Gallenmeridian an der Außenseite der Beine verläuft über das Hüftgelenk und ist mitbeteiligt an den Schmerzen in diesem Bereich. Wird er genügend in Fluß gebracht, verschwinden die Schmerzen, dies natürlich leichter zu Beginn solcher Beschwerden. Man kann Linderung der Beschwerden erzielen, wenn man neben der Reflexzonenbehandlung auch noch die Knie und den Nacken direkt massiert.

In meiner Praxis habe ich die Erfahrung gemacht, daß eine Behandlung große Müdigkeit hervorrufen kann, da sich der Körper von Giften reinigt. Der Patient sollte in dieser Zeit größere Mengen Kräutertee über den Tag verteilt zu sich nehmen. Die Fußreflexmassage erzielt bei Beschwerden in den Beinen sehr gute Ergebnisse, und die meisten meiner Patienten sind nach einigen Behandlungen schmerzfrei.

Blasenentzündung

Ist mindestens zu Beginn sehr schnell angehbar. Wichtig ist die Entspannung des Beckenbodens und des Blasenschließmuskels, um die Bakterien möglichst schnell aus dem Körper zu entfernen. Das bedingt genügend Flüssigkeitszufuhr, aber ebenso Beachtung, ob Zufuhr und Abgang in einem guten Verhältnis sind.

Es gibt immer noch viele Menschen, die nur zwei- bis dreimal täglich Urin lösen. Das ist zu wenig, wenn wir an die Tätigkeit der Niere denken, die den ganzen Körper zu entgiften hat. Wir sind uns kaum bewußt, welche große Arbeit da geleistet wird. Auch bei Kindern, die plötzlich fiebrig sind, ist sehr oft die Blasenverspannung schuld. Es ist dann typisch, daß nur sehr wenig

Wasser bei ständigem Drang abgeht. Da liegt auch die große Chance, über die Füße das Lösen zu bewirken.

Dabei ist das Nervensystem-Sonnengeflecht ebenso wichtig wie die Nieren und Nebennieren. Der ganze Harnweg muß gründlich in der Tiefe durchmassiert werden, um alle Rückstände, die oft wie Steinchen greifbar sind, Richtung Blasenbereich zu schieben. Auch die Anregung über die Hypophyse darf nicht fehlen, damit die Nebennieren in Schwung kommen.

Wichtig ist im weiteren die Milztätigkeit, um die Entzündung zu bekämpfen.

Sehr oft ist die Hypophyse zu wenig aktiv, weil Nackenverspannungen eine gute Durchblutung verhindern. Ursache kann neben Haltungsfehlern oder Arbeitsbelastung auch Kälte, zum Beispiel Nordwind sein, der uns »starr« werden läßt. Desgleichen natürlich psychische Verspannung. Zusätzlich zu dem offensichtlichen Blasenproblem laufen nämlich weitere wesentliche Belastungen.

Der Rücken wird steif über dem energielosen Blasenmeridian, der beidseits der Wirbelsäule läuft.

Der Kopf schmerzt vom Nacken her bis zur Stirn, und auch die Lebensfreude ist im Keime erstickt. Die Gelenke können anschwellen bis zum Rheumaanfall.

Also heißt es die ganze Wirbelsäule am Fuß zu entspannen, auch die Muskelpartien daneben durchzuarbeiten. Der Schmerz zeigt genau an, welche Wirbelkörper die Kräfte festhalten, die wir so dringend brauchen.

Eine junge Frau, eher untergewichtig, kam wegen häufigen Blasenentzündungen. Sie fühlte sich völlig überfordert von zwei Kindern und hatte in kurzen Abständen immer wieder Antibiotika verordnet bekommen.

Der Befund am Fuß ergab massive Staus in den Harnwegen und an der Schmerzstelle der Nieren den Verdacht auf eine Wanderniere, was sich in der Folge medizinisch bestätigte. Offensichtlich konnten sich die Harnwege nur schlecht entleeren, weil sie nicht geradlinig zur Blase verliefen. Das förderte natürlich die »Bakterienkultur« erheblich und damit den bösen Kreislauf von Infekt-Müdigkeit-Kopfweh, schlechte Haltungs-Spannung und damit neuen Infekt.

Nach wenigen Behandlungen konnte das Übel so weit behoben werden, daß Mut, Kraft und Freude im Alltag wieder weiterhalfen. Diese Schwäche wird sich vermutlich allerdings immer wieder bemerkbar machen. Dabei ist es eine Hilfe zu wissen, wo die Ursache liegt.

Blutdruck

Zu hoch oder zu niedrig braucht Entspannung der Hals- und Wirbelsäule. Leber und Niere sind stark beteiligt, wie auch das Nervensystem. Also gut an allen Organen der Gürtellinie arbeiten, besonders bei Bluthochdruck beruhigend, also sedierend draufbleiben. Bei niedrigem Druck eher anregend, also massieren. Sehr oft sind Beckenverspannungen beteiligt, und dadurch entsteht zu wenig Ausscheidung, oft kommt es zu Prostataproblemen. Menschen mit solchen Beschwerden stehen immer unter seelischem Druck, was sich ja nach Veranlagung auswirkt.

Unübersichtlich ist es, wenn mit Medikamenten gearbeitet werden muß, und es wäre gut, offen mit dem Hausarzt zusammenzuarbeiten. Jedenfalls ist es äußerst wichtig, den Blutdruck regelmäßig messen zu lassen, um keine Risiken einzugehen, vor allem bei hohem Blutdruck.

Brustentzündungen

Die Brustdrüsen stehen mit allen endokrinen Drüsen in Zusammenhang (Hypophyse, Schilddrüse, Nebenniere, Gallenblase, Bauchspeicheldrüse und auch Eierstöcke sowie die Milz). Bei

einer Reflexzonenbehandlung müssen außerdem die gesamte Wirbelsäule gelockert und die Ausscheidungsorgane angeregt werden.
Der Ehemann einer jungen Mutter rief mich an, weil seine Frau mit hohem Fieber und Milchstau im Bett lag. Ich nannte und beschrieb ihm die Reflexzonen an den Füßen, die er behandeln mußte. Am nächsten Morgen war das Fieber gesunken und der Milchstau beseitigt.

Cellulitis

Cellulitis tritt nur bei Frauen auf. Sie kann über Massagen, die den Stoffwechsel anregen und die Energien auf die Meridianen in Fluß bringen, gelindert werden. Der Gallenmeridian ist bei diesem Problem besonders wichtig. Bei der Fußmassage werden alle Drüsen gezielt behandelt. Eine Saftfasten-, Kartoffel- oder Rohkostkur unterstützt die Behandlung.

In meine Praxis kommen viele Frauen mit Cellulitis. Nach einigen Behandlungen sieht man meistens schon den Erfolg.

Depressionen

Depressionen weisen darauf hin, daß etwas Grundsätzliches falsch läuft. Es mag aber auch die Frage nach dem Sinn des Lebens sein, wenn diese Tiefs scheinbar grundlos auftreten. Wir haben unseren Glauben oft verloren und die Antwort auf das Woher und Wohin bzw. wir pflegen sie in Bereichen zu suchen, wo wir sie nicht finden können.

Es ist erstaunlich, wie wenig sich die Menschen fragen, was sie wohl auf dieser Welt zu tun haben könnten, außer essen, schlafen, arbeiten für Geld, Vergnügen und für Nachwuchs sorgen. Ist das wohl genug?

Im Grunde unseres Herzens fühlen wir wohl mehr oder weniger bewußt, daß ein Sinn hinter all dem stehen muß, daß wir zum Beispiel klarer werden sollten, bewußter, gezielter am Leben lernen – kurz, etwas vollkommener zu werden versuchen. Die großen Heiligen aller Zeiten haben es uns vorgelebt, aber wir glauben nicht so recht daran, daß auch wir alle aufgefordert sind, in diese Richtung zu gehen. Es macht uns genauso Angst, wie es uns deprimiert, dies nicht klar zu tun.

Daß der Körper eng mit Gefühlen verquickt ist, kommt auch hier zum Ausdruck. Darum ist es möglich, in vielen Fällen über die Füße etwas beizutragen zur Kraft, die es zum positiven Leben braucht.

Die »Spezialpunkte« der Füße zeigen am Großzehen die »Anti-Depressionspunkte«. Es sind in Augenhöhe Leber und Milz-Meridian 1. Sie haben mit Reinigen und Klären zu tun.

Weiter ist es wichtig, alle Verspannungen zu lösen, besonders im Schulterraum und der Wirbelsäule. Der Kopf muß gut durchblutet sein, um »objektiv sehen« zu können.

Hypophyse und alle endokrinen Drüsen helfen die körpereigenen Gifte auszuscheiden, was auch seelisch reinigen hilft. Besonders Leber und Niere sollten gut funktionieren, und das Nervensystem-Sonnengeflecht muß zum Wohl beitragen. In den Knien, besonders auf der Innenseite, bleibt sehr viel »Energie hängen«, die uns entsprechend im Kopfe fehlt.

Wenn die Energien zu fließen beginnen, gibt es buchstäblich Luft im Brustraum, den wir sanft durch Druck betonen. Über die Meridian-Enden an Fingern und Zehen der Körper beleben, bis es für diesen Menschen gefühlsmäßig deutlich heller wird.

Es gab schon Menschen, die mich fragten, ob denn die Sonne plötzlich scheine, obwohl es immer noch regnete. Das ist möglich, zuerst meist nur für Stunden oder Tage, dann oft grundsätzlicher, wenn auch die Gespräche entsprechend sind.

Es ist sehr wichtig zu wissen, daß eine solche Behandlung nur beginnen darf – besonders bei schwer depressiven Menschen –, wenn sie selbst es wollen, wenn sie bereit sind, über eine längere Zeitspanne zu kommen und wir selbst – eventuell die Familie – dahinter stehen. In den ersten Tagen kann es schlimmer werden, vor allem wenn Psychopharmaka gebraucht wurden oder werden.

Diese Arbeit rührt auf, sie deckt nicht nur zu, was eine große Verantwortung bedeutet. Dann jedoch geschieht wirklich etwas Gutes. Allerdings sind Gespräche dabei sehr wichtig, ebenso wie das Vertrauen in die eigenen Kräfte, die es zu wecken gilt.

Ich arbeitete mit einer jungen Frau, die Selbstmordversuche mit Klinik und Psychotherapie hinter sich hatte, aber sehr kopflastig war. Der Weg über die Füße führte nun zu einer Verbindung von Kopf und Herz innerhalb einem Jahr. Es gab erstaunliche Veränderungen und es ist zum Freuen, auch wenn das Leben immer noch nicht einfach läuft!

Entwicklungsstörungen

Sollte so früh wie möglich vorgebeugt werden. Am Kantionsspital Basel werden die Neugeborenen oft ganz sanft an den Füßchen gestreichelt, um gleich schon das Geburtstrauma auszugleichen. Dabei ist klar ersichtlich, wo Störungen oder Schwächen liegen, wenn die Kinder gut beobachtet werden. Die Reflexe sind unübersehbar. Ein Berühen der Lunge brachte zum Beispiel ein deutliches Durchatmen bei einem zu früh Geborenen. Bei einem kleinen Knaben mit Hodenhochstand war das Hodensäcklein am Fuß deutlich sichtbar wie ein Eindotter, und konnte in zweit Tagen nach verschiedenem, kurzes Streicheln am Fuß an seinen Platz geholt werden.

In unserer Zeit ist es unendlich wichtig, den unruhigen Kindern und ihren Eltern zu helfen. Leider ist diese Möglichkeit viel zu wenig bekannt. Kinder sind genau wie Erwachsene zu behandeln und oft schon als Baby sehr wissend, daß ihnen das gut tut.

Bei Säuglingen also, die erbrechen, den Magenein- und -ausgang entspannen und den Darm anregen. Kinder, die über Mitternacht nicht schlafen, haben oft eine Leber und Pankreasschwäche, die sie nicht schlafen läßt (Organuhr). Sehr oft rührt diese Schwäche von ungeregeltem Essen her, zu süßem Tee und sonstiger Babynahrung. Die Organe sind ganz einfach überfordert. Das beginnt bei den Augen, welche die Überfülle an Eindrücken nicht verkraften. Im Grunde gilt das auch für uns Erwachsene, auch uns fehlt die Stille, doch sind wir abgestumpfter als die Kinderseele.

Wie die Umwelt auf die kleinen Menschen wirkt, ist schwer zu übersehen. Jedenfalls ist es wichtig, genau zu überlegen und zu lesen, was auf all den Babyprodukten steht. All die pasteurisierten, stabilisierten, künstlich gesüßten, fermentierten und vitaminisierten Zusätze sind letztlich gefährlich und vermutlich ein Grund dafür, daß es immer mehr Problemkinder gibt. Dazu zählen auch die POS-Kinder sowie die phosphatempfindlichen, jungen Menschen.

Eine etwa 30jährige Mutter, Krankenschwester, war am Verzweifeln. Ihr Sohn im Kindergartenalter sollte für ein halbes Jahr auf die psychiatrische Abteilung der Universität Basel, weil er kaum mehr tragbar war. Nach drei Tagen phosphatfreier Kost daheim und im Kindergarten hatte sie ein völlig normales Kind. Phosphatfreie Kost heißt: keine künstlichen Zusätze, weder Süßigkeiten noch Cokies oder Würste, keine Farbzusätze, Emulgatoren im Joghurt nach Stabilisatoren, keine vitaminisierten Haferflocken – nicht einmal fertige Brote sind tragbar bei den heutigen Zusätzen. Ein paar Tage später bekam das Kind ungewollt gestäubte, also nicht keimfähige Kartoffeln zu essen und warf als Folge den nächsten Blumentopf an die Wand!

In Amerika sind Versuche in Kinderheimen durchgeführt worden, welche diese Theorie bestätigen. Natürlich sind dies übersensible Kinder. Ich vermute, daß sie neben seelischer Empfindsamkeit – die ja auch eine Chance ist – über Nackenverspannungen schon seit der Geburt leiden.

Dadurch arbeitet die Nebenschilddrüse unvollkommen und die Mineralien – wozu auch das Phosphat gehört – werden schlecht verarbeitet.

Außerdem sind die »gutartigen Phosphate«, die der Körper braucht, nicht die gleichen in der denaturierten chemiegedüngten Nahrung. Unsere Labors können wirkliche Lebensenergien nicht testen, sondern lediglich die »materiellen« Werte.

Auch diese Probleme können am Fuß erheblich ausgeglichen werden. Besonders Kopfzonen, Nacken, Halswirbel und Wirbelsäule – Beckenraum sehr ruhig bearbeiten.

Leber-Gallenblase, Milz und Pankreas zur besseren Ausscheidung bringen über Darm und Blase. Sonnengeflecht und Steißbein als Entspannung – Atem beachten. Zuwendung in Stille ist sehr wichtig. Kein Kind will böse sein!

Erkältungen

Haben oft auch mit »Frust« zu tun, sei es über unser Klima oder das Klima in der Arbeits-, Schul- oder Familienbereich. Gerade Kinder brauchen zuweilen etwas Verwöhnt-Werden und ein Wegschieben der Pflichten. Um so schlimmer, wenn sie dann statt einer erzählten Geschichte ein Fieberzäpfchen bekommen und anstelle eines warmen Bettes im Pyjama Filme ansehen. Natürlich ist es für berufstätige Mütter schwierig, daheimzubleiben. Und es heißt auch, Schüler dürften nicht fehlen, weil sie sonst nicht mehr nachkommen.

Realität ist jedoch, daß auch nichtberufstätige Frauen, oft mit Unterstützung des Kinderarztes, nicht anders handeln. Die Kinder würden ja ohnehin nicht im Bett bleiben, heißt es. Sie würden sehr wohl, wenn sie mit dem Fieber die krankmachenden Keime verbrennen könnten. Dann sind sie nämlich müde und nicht aufgeputscht von Medikamenten.

Außerdem hätten diese Mütter nachher wieder liebe Kinder und keine nerventötenden Quälgeister. Die Lern- und Konzentrationsfähigkeit würde bedeutend besser, entsprechend die Zufriedenheit von Kindern, Eltern und Lehrern, und vor allem wären sie einer nächsten Erkältung oder Schlimmerem wirklich gewachsen mit Eigenabwehr. Das ist die beste Vorbeugung gegen Immunschwäche.

Für die Eltern ist die Arbeit am Fuß sehr hilfreich, um der eigenen Angst wirksam entgegenzutreten. Bei den ersten Anzeichen: Homöopathische Mittel geben, außerdem Wadenwickel gegen das Fieber.

Am Fuß sofort Nase, Ohren, Stirn-Kieferhöhlen, Mandeln, Lymphe, Nieren, Blase, Darm und Bauchspeicheldrüse, Milz und Sonnengeflecht entspannen und behandeln.

Der große Vorteil ist die klare Diagnose über die stärksten Schmerzpunkte, wo der Herd liegt. Das ist auch bei kleinsten Säuglingen möglich, wenn man genau beobachtet.

Möglicherweise steigt das Fieber zuerst noch schneller, aber das dauert nicht lange und alles klingt ab, ohne nachteilige Folgen. Natürlich müßte bei länger andauerndem Fieber trotzdem der Arzt abklären, was zu tun ist. Aber bei den heutigen Mitteln für den Notfall ist dies eher zu verantworten als je.

Meine damals 17jährige Tochter lag in kurzer Zeit mit hohem Fieber im Bett, Verdacht auf beginnende Nierenbeckenentzündung. Drei kurze Behandlungen an einem Tag: Nieren, gute Kreuzbein-Beckenbehandlung mit Blasenschließmuskelentspannung, Milzanregungen brachten das Fieber in wenigen Stunden weg. Danach natürlich noch gute Erholung mit Bettruhe in kurzer Zeit.

Epilepsie

Früh erfaßt, bevor die starken Medikamente eine Änderung unmöglich machen, ist eine dankbare Arbeit.

Am Fuß ist wieder Halswirbelsäule und Schulter-Nackenbereich eminent wichtig.

Ebenso die Wirbelsäule bis zum Steißbein, um die Energien auszugleichen. Es muß also sehr gut im Beckenraum gearbeitet werden, damit der Kopf nicht unter Überdruck steht. Aber auch in den Kopfzonen ist es möglich, diese Schwachstellen gut zu durchbluten und damit den »Kurzschluß« im Gehirn zu vermeiden.

Leber-Gallenblase-Nieren und Bauchspeicheldrüse sind entscheidend beteiligt an dieser Problematik und sollten nicht durch Medikamente zusätzlich belastet werden. Außerdem ist wie immer die Ausscheidung von äußerster Wichtigkeit, damit der Körper problemlos arbeiten kann.

Die Antroposophen glauben, solche Menschen hätten ihren Körper nicht ganz »beseelt«. Sie stärken Leber und Nieren mit homöopathischen Mitteln, um den Körper bewußter zu machen. Auch in der Akupunktur läßt sich ähnliches Wissen erkennen.

Ein junger Mann bekam diese Diagnose mit der entsprechenden Dosis von Medikamenten. Er nahm keine Tablette, sondern kam zur Behandlung bis zur nächsten Kontrolle beim Arzt. Die Gehirnströme waren danach völlig normal und der Arzt sehr beglückt über den Erfolg der Medikamentation. Der junge Mann getraute sich nie zu bekennen, wie er zu diesem Resultat kam!

Ein fast fünf Monate altes Kind wurde mir gebracht, schon eingespielt auf seine Medikamente, nach den ersten Anfällen. Es ließ sich am Fuß ein außergewöhnlicher Nacken- und Beckenstau feststellen, wahrscheinlich schon von der Geburt herrührend. Nach der ersten Behandlung gingen Unmengen übelriechenden Stuhlgangs und Urins ab. Aber das Kind konnte endlich durchschlafen.

Die Eltern lernten die Behandlung selbst und kamen nur nach zu Zwischenkontrollen. Nach einem Jahr getrauten sie sich, die Medikamente langsam abzusetzen! Vier Jahre später geht es dem Kinde weiter sehr gut. Die Entwicklung, seelisch, geistig und körperlich ist außergewöhnlich gut! Sicher aber heißt es auch hier, immer wachsam zu bleiben.

Fettsucht

Übertriebene Nahrungsaufnahme ist auf eine psychische Störung zurückzuführen. Die Seele hungert nach etwas, was sie nicht bekommen kann, und der Körper möchte das ausgleichen. Durch eine Ganzkörperbehandlung über die Reflexzonen (mit Betonung der Drüsen und des Nervensystems) können wir Energien freisetzen und Ausgeglichenheit bewirken. Über schmerzende Punkte an den Füßen erfahren wir, welche Organe eine intensivere Behandlung brauchen.

Eine fünfunddreißigjährige Frau mit dreißig Kilo Übergewicht kam zu mir, weil sie sich miserabel und niedergeschlagen fühlte. Sie litt an Herzbeschwerden und Gleichgewichtsstörungen, und sie hatte Schwierigkeiten, sich selbst zu akzeptieren. Die ersten drei Behandlungen lösten eine starke Müdigkeit bei ihr aus. Die Ausscheidungen waren übelriechend. Nach kurzer Zeit aber ging es ihr merklich besser. Sie faßte neuen Mut und konsultierte eine Diätberaterin. In drei Monaten nahm sie fünfundzwanzig Kilo ab, und ihre körperlichen und seelischen Leiden waren wie weggeblasen.

Gallensteine

Vor allem kann man die Entstehung von Gallensteinen über die Reflexzonenbehandlung verhindern. Die Ursache dieser Erkrankung ist meist Streß, Ärger, Nervenanspannung und falsche Ernährung. Bei einer Therapie werden die Punkte der Leber, der Gallenblase, Arme, Schulter, Oberschenkel, Hüfte, Eierstöcke, Magen, Sonnengeflecht und Bauchspeicheldrüse behandelt. Der Atem wird aktiviert und ins Becken gelenkt. Auch die Darmtätigkeit muß angeregt werden. Die Energien auf dem Gallenmeridian werden zum Fließen gebracht.

Bei der Behandlung von Gallenkranken habe ich die Erfahrung gemacht, daß die Patienten ausgeglichener werden und nach einigen Massagen nicht mehr so aggressiv sind. Auch das führt zur Entlastung bei körperlichen Beschwerden.

Grippe

Grippekranke sollte man nur über die Reflexzonen behandeln, wenn sie schon vorher in Behandlung waren. Es ist möglich, daß bei der Therapie verdrängte alte Probleme wieder ans Tageslicht kommen, die zusätzlich Leiden verursachen können.

Bei Grippepatienten müssen die Ausscheidungsorgane aktiviert werden. Ansonsten erreicht man am meisten, wenn man den ganzen Körper behandelt.

In meiner Praxis habe ich viele Grippekranke in kürzester Zeit von ihren Beschwerden befreit. Anschließende Bettruhe ist empfehlenswert, damit sich der Körper von den Anstrengungen erholen kann.

Haarausfall

Hat wahrscheinlich besonders mit den Hormondrüsen zu tun und benötigt Stoffwechselanregung sowie bessere Durchblutung des Kopfes über Nackenentspannung. Mineralstoffwechsel wird von der Nebenschilddrüse gesteuert und verlangt gezielte Arbeit im Halswirbelbereich. Auch Leber und Darm sollten gut funktionieren, ebenso wie Niere und Blase.

Hirse und Silicea können die benötigten Nährstoffe ergänzen. Auch direkte Kopfmassagen sind sehr hilfreich mit stärkenden, möglichst natürlichen Essenzen wie zum Beispiel Birkenblut oder Brennesselextrakt, welche wiederum Leber und Niere stärken.

Hände, kalt und eingeschlafen

Brauchen Entspannung von den Halswirbeln her, sowohl direkt als auch vom Fuß, über Schulterbereich, Oberarm und Unterarm zu den Händen im Beckenraum. Außenhand erreichbar in der Beckenbodenzone am Fersenrand, Innenhand am inneren Rand.

Auch das Sonnengeflecht spielt vermutlich eine Rolle von der Entspannung her. Die Finger sind einzeln zu durchbluten: Der Daumen beim obersten Halswirbel, der kleine Finger beim untersten Halswirbel, alle andern dazwischen. Das kann helfen, wenn sie eingeschlafen sind oder schnellen!

Umgekehrt können auch alle Finger über die Meridiane in Schwung gebracht werden. Wirkt sehr belebend und ausgleichend.

Die Frage steht dahinter, ob wir unsere Wärme/Liebe aus irgendwelchen Gründen blockieren, also die Gefühle nicht frei fließen lassen können. Arme und Hände sind vom Herzbereich ausgehend.

Heuschnupfen

Ist erstaunlich gut lösbar über die Ganzheitsbehandlung.

Alle Allergien haben damit zu tun, daß der Körper die Grenzen seiner Tragfähigkeit erreicht hat. Das heißt, er muß gereinigt werden, um den neuen Anforderungen, den Pollen zum Beispiel, gewachsen zu sein. Meist gehen einer solchen Allergie verhockte Katarrhe voraus, welche den ganzen Körper belasten. Oft sind es Menschen, die nicht durch die Nase atmen.

Am Fuß werden vor allem die Lymphen und Mandeln (oder auch Narben) an den Zehengrundgelenken besonders angeregt, dazu Nieren, Blase und Schließmuskel.

Das Durchlässigmachen um die Knie ist wichtig, um die Meridiane in Schwung zu bringen und damit den Druck auf der Brust aufzulösen. Selbstverständlich sind Nase und Stirn-Kieferhöhlen durchgängig zu machen an allen Zehen, und man muß lernen, auf den Atem durch die Nase zu achten, damit alle Nebenhöhlen frei werden.

Pretnison hemmt ausgerechnet die freie Anregung der Nebenniere und führt dadurch zu Gewichtszunahme.

Solche Menschen werden wie ein Schwamm, der auch alles Negative aufsaugt.

Nervöse Herzbeschwerden und Rhythmusstörungen

Werden oft vom Arzt beruhigend behandelt mit dem Hinweis, das Herz sei in Ordnung.

Über die Füße ist es möglich, auch gefühlsmäßig Ordnung zu schaffen und damit die Angst aufzulösen.

Das Herz ist sehr oft von Halswirbel- und Schulterverspannungen her wie in einer Umklammerung. Es läßt sich über direkt entspannende Massage im Schulterraum mit Atembetonung entlasten.

Vom Fuß her ist gezielteres Lösen der Halswirbelsäule und des ganzen Brustraumes möglich. Auch die Normalisierung des Zwerchfelles und der Magen- und Sonnengeflechtszone sind auf diese Art anzugehen.

Die Leber-Gallenblase und Nierenzone muß ausgeglichen werden mit entsprechender Reinigung von Darm und Blase.

Nach der Akupunkturlehre ist die Leber der Vater, das Herz die Mutter, und die Nieren als Kinder in enger Gemeinschaft. Nach meiner Erfahrung ist dies Tatsache. Ich arbeite mit dieser Zone als »Familienpunkt«, Mitte Fußballen, sehr entspannend und ausgleichend, besonders gut fühlbar bei gleichzeitigem Druck an beiden Füßen.

Wichtig ist allerdings, einen eventuellen Beckenstau über die Prostata oder den verspannten Beckenboden zu lösen, der oft den Druck in Brustbereich bewirkt. Die entsprechenden Angstgefühle verursachen einen negativen Spannungszustand.

An den Füßen gilt es besonders im Beckenraum zu arbeiten, was auch warme Hände bewirkt und damit Ausgleich schafft. Dies ist vor allem nötig, wenn die Arbeit deutlicheres Herzklopfen auslöst, was doch auf ein geschwächtes, zu wenig durchblutetes Herz hinweist.

Bauchatmung durch die Hände des Behandelten auf dem unteren Bauchraum anstreben. Eventuell die Beine ausstreichen, um die Ängste zu lösen. Dann nochmals unterste Halswirbel und obere Brustwirbel sanft, aber bestimmt bearbeiten, und das Herzklopfen ausgleichen, bis der Druck nachläßt.

Die kleinen Finger beidseits helfen den Herzmeridian kräftigen. Die Mittelfinger stärken den Kreislauf.

Vor allem ergibt diese Arbeit ein sehr befreiendes Gefühl und ein wohlig durchblutetes Herz. Somit auch keine Störungen mehr.

Sollte das zu starke Herzklopfen nicht nachlassen, muß ein Herzspezialist aufgesucht werden.

Das Hüftgelenk

Ist stark von der Kreuzbeingegend abhängig. Außerdem ist oft der Gallenmeridian für die Schmerzen verantwortlich. Beinlängen vergleichen! Das zu lange Bein ist oft der Grund für eine spätere Operation!

Am Fuß gilt es, den äußeren Knöchel sowie die ganze äußere Fußseite durchzuarbeiten. Gute Verdauung ist Voraussetzung für eine Besserung ebenso wie die Wasserausscheidung, welche durch dunklere Farbe beweist, daß sich der Körper entgiftet.

Wesentlich an Hüftproblemen beteiligt sind die Knie. Sie bedeuten einen Engpaß für das Fließen sämtlicher Meridiane. Eine Hilfe ist am Knie selber zu erreichen, indem wir durch Druck an der Innen- und Außenseite die »Tore« zum Körper hin öffnen. Darüber hinaus hilft es oft, an der Mitte des Oberschenkels auf der Außenseite, den Gallenblasenmeridian durch Druck in Bewegung zu bringen.

Ein völlig abgenütztes Hüftgelenk ist natürlich nicht voll regenerierbar. Jedoch Erleichterung ist auf jeden Fall möglich, und zwar bis in den Schulterraum. Oft ist auch Ohrensausen, Schwerhörigkeit und Migräne damit zu verbessern, weil diese Schwierigkeiten miteinander in Verbindung stehen.

Ischias

Kann von einem Rückenschaden herrühren, wird jedoch oft durch mangelndes Wasserlösen, z.B. bei Bisenlage, ausgelöst. Kälte erzeugt Spannungen, und über diese Nuance der Unbeweglichkeit entsteht oft beinahe unerträglicher Schmerz.

Über die ganze Wirbelsäule wird er größte Schmerzpunkt eruiert. Er liegt oft in der Mitte der Halswirbelsäule, der Brustwirbelsäule oberhalb der Bauchspeicheldrüse sowie im Lendenwirbel-Kreuzbein. Das Ileosakralgelenk unterhalb des inneren Knöchels am Fuß bringt meist viel Entspannung. Im weiteren ist die ganze äußere Fußseite, im besonderen Knie-Oberschenkel-Hüfte freizumachen. Auch die Öffnung der Knie-Meridianpunkte ist von großer Wichtigkeit.

Es ist von ausschlaggebender Bedeutung, genügend lange auf den Schmerzpunkten zu verweilen, um eine gute Durchblutung der betroffenen Stellen zu erreichen und dadurch die Muskelverspannungen zu lösen. Trotzdem nicht zu lange Schmerz auslösen, um nicht neue Spannungen aufzubauen. Selbstverständlich sind alle ausscheidenden Organe wie Leber, Gallenblase, Niere, Blase und Darm von großer Wichtigkeit.

Es gab schon verschiedentlich Fälle von monatelangen Schmerzen bis zu Spitalaufenthalt ohne Besserung, die über die Füße nach wenigen Behandlungen gelöst wurden.

Es muß vielleicht drei Tage nacheinander gearbeitet werden, um die Muskeln wieder in die entspannte normale Lage zu bringen.

Anfänglich ist Wärme nützlich. Wenn es aber zur Entzündung kommt, braucht es Kälte, um Erleichterung zu erreichen.

Nieren/Blasentee, eventuell auch gallenanregende Mischungen, helfen weiter. Treten solche Beschwerden immer wieder auf, sind die Beinlängen zu prüfen. Womöglich ist ein Beckenschiefstand die Ursache. Ein Chiropraktiker hilft im Augenblick, oder es braucht eine Einlegesohle beim kürzerem Bein.

Nachfühlen, wie wir stehen. Ist immer ein Bein gebeugt (das längere)?

Kinderlosigkeit

Es leben schon einige Kinder auf dieser Welt, welche nach einigen, sogar einmal nur einer einzigen Behandlung an den Füßen, empfangen wurden.

Überall, wo mangelnde Entspannung mitschuldig ist, hilft die Reflexzonenmassage. Zusätzlich ordnet sie über Hypophyse und Schilddrüse die Hormonsituation, was die Menstruation verändern kann. Also auch aufgepaßt, falls kein Kind mehr gewünscht wird!

Sehr wichtig und medizinisch unterschätzt ist die Reinigung sämtlicher Unterleibsorgane. Vor allem Eierstöcke und Eileiter sind oft von jahrelangen latenten Entzündungen mit entsprechendem Weißfluß verklebt und gefährdet. Sie werden nach einigen Reflexzonenbehandlungen durch scharfen, unangenehmen Ausfluß befreit, wodurch sich die gesamte Verfassung der Frau sehr positiv verändert. Müdigkeit, Kopfschmerzen und Depressionen verschwinden dabei. Es kommt vor, daß eine massive Blutung alte verhockte Blutgerinnsel aus dem Körper schafft, und die Bahn frei wird für neues, gesundes Leben.

Dabei muß auch die »Pille« erwähnt werden, die einige dieser Schwierigkeiten verursacht.

Die bekannten Gefahren von Thrombosen, Embolien, hohem Blutdruck bis zum Krebs möchte ich nur erwähnen, da sie doch einigermaßen berücksichtigt werden sollten.

Was mich beunruhigt, sind die verkappten Depressionen, die oft dahinterstehen und viel zu wenig in Zusammenhang gebracht werden. Erst bei gezielten Fragen taucht die Erkenntnis auf, daß genau seither die Probleme aufgetaucht sind.

Es ist dies fatal, weil sich die jungen Frauen, »die ja alles haben«, oft selbst Vorwürfe machen, daß sie nicht zufrieden sind. Besonders gefährlich wird die Situation, wenn Antidepressiva in irgendeiner Form dazu kommen. Manche Familiengeschichte hat darum katastrophal geendet.

Am Fuß Nackenpartien, Hypophyse gut entspannen. Im weiteren Kreuzbein, Unterleibsorgane sowie alle Drüsen behandeln.

Sonnengeflecht in Entspannung und besonders den Gallenblasenmeridian über zweitkleinste Zehe – Gallenpunkt – links Bauchspeicheldrüse, Knie-Oberschenkel gut in Fluß bringen. Offenbar ist dieser Meridian eng mit den Fortpflanzungsorganen verquickt.

Die Hände auf dem Unterbauch zu legen hilft, ein warmes Nestchen bauen für die kleine Seele, die sich zum Kommen entschließt. Sie spürt, wenn die innere Ruhe und Hoffnung vertrauensvoll und demütig Bereitschaft zeigt.

Sollte trotzdem keine Empfängnis erfolgen, so glaube ich, daß die wichtigste Frage lautet: Was kann und soll ich Positives aus einem Leben ohne Kind machen?

Bin ich so kinderlieb, daß ein elternloses Kind bei mir eine Heimat finden kann, oder gibt es berufliche Erfüllung? Das Schicksal spielt ja nicht mit uns, es leitet!

Knieschmerzen

Alle Gelenke haben mit unseren verletzten Gefühlen zu tun. Der Volksmund sagt es deutlich: »Es ist mir in die Knie gefahren!« Außerdem sind Knieprobleme sehr von unserer Haltung abhängig.

Haltung ist auch unsere Art, im Leben zu stehen. Ob steif oder aufrecht, gekrümmt, zusammengedrückt; unsere Knie fangen alles auf. Kein Wunder, daß sie blockieren und damit auch positive Kräfte festhalten, die wir für unseren Alltag benötigen.

Wenn wir bei einer guten Fußbehandlung die Bahnen der Meridiane über die Knie hinweg in Bewegung bringen, ist das sehr gut im ganzen Körper fühlbar und kann unsere Müdigkeit und Apathie mit einem Schlag verscheuchen.

Auch die Kniezone an der Außenseite des Fußes am Mittelfußknochen gehört zum speziellen Behandlungsablauf mit Verbindung über Oberschenkel, Hüfte, Kreuzbein und Wirbelsäule. Blasenschließmuskel, Blase, Harnwege und Nieren sind maßgeblich beteiligt, besonders wenn sich Wasser ansammelt.

Die sogenannten Wachstumsstörungen der Kinder gehören in diese Problematik und müssen sehr ernst genommen werden, um nicht einen Schaden fürs Leben zu programmieren. Er kann sich in rheumatischen Formen äußern oder auch zu kaum korrigierbaren Gewichtsproblemen führen.

Kinder mit X-Beinen werden mit Sicherheit immer dicker, weil die Meridiane im Fluß gestört sind und darum die Drüsen nicht ausgeglichen arbeiten. Es müßte an der Fuß- und Beinstellung gearbeitet werden. Das betrifft vor allem die Bauchspeicheldrüse, Leber und Gallenblase, aber auch die Nieren, die Wasser im Gewebe zurückhalten.

Zum Trost essen solche Kinder immer mehr, besonders Süßigkeiten, was die Situation nur noch verschlimmert.

Zusätzlich haben diese Organe einen starken Zusammenhang mit den Augen, so daß es nicht verwundert, wenn viele dieser jungen Menschen auch noch dicke Brillengläser tragen müssen, was ihr Aussehen nicht verbessert.

Es gilt neben der Arbeit am Fuß auch an der Haltung zu arbeiten. Die Fußstellung, eventuell mit Einlagen, ist bewußter zu machen, die Füße dürfen nicht nach innen gedreht werden. Solche Kinder brauchen liebevolle Strenge. Sie werden oft äußerlich verwöhnt, und letztlich doch vernachlässigt, nicht zuletzt in Bezug auf Eßgewohnheiten. Es muß radikal auf Vollwertnahrung und Rohkost, ohne Süßigkeiten, umgestellt werden. Meist wäre dies für die ganze Familie ratsam.

Kopfschmerzen

Sind ernst zu nehmen, denn sie haben immer eine Ursache, wobei das Wetter nur der letzte Auslöser ist.

Die erste Frage bei Kopfweh ist stets die, nach der genauen schmerzenden Stelle. Je nachdem, ist die Verbindung zum schwach arbeitenden Organ aufgedeckt.

Die entsprechende Stelle ist am Großzehen anzugehen, und vom »kleinen Menschen« her, auf den Großzehen bezogen, wird dann schon die Organzugehörigkeit ersichtlich.

Eine der häufigsten Schmerzstellen zeigt sich vom Nacken, ausgehend über die *Augenbrauen und Nasenansatz.*

Das weist hin auf einen blockierten Blasenmeridian, und oft ist gleichzeitig der ganze Rücken steif mit Kreuzschmerzen. Man massiert mit Vorteil zuerst den Nacken, am Fuß wird der Blasenschließmuskel beidseits gepreßt, eventuell mit Betonung des Ileosakralgelenkes. Das kann schon merkliche Besserung bringen. Halswirbelsäulenarbeit und Nackengriff bewirken Atemvertiefung. Die Wirbelsäule gut bis in die Muskeln hinein lösen. Die Vorstellung, daß wir mit einem Druck von 1 1/2 bis 2 cm in der Fußinnenkante die Muskeln am Rücken von der Wirbelsäule her handbreit entspannen, soll uns sehr gegenwärtig sein. In diesen Breiten verläuft ja der Blasenmeridian, rechts und links von der Wirbelsäule. Er endet an der Nasenwurzel, daher die Verbindung zum Stirnkopfweh.

Selbstverständlich sind Nieren-Harnweg und Blase gründlich vom Fuß her zu reinigen. Eventuell auch mehr trinken, um die Rückstände gut wegzuschaffen.

Stirnkopfweh hat mit Spannungen und Ängsten zu tun. Bei jeder Art von Schmerzen ist es immer gut, auch das Sonnengeflecht zu sedieren, also beidseits der Füße ruhigen Druck auf die Magengegend auszuüben, bis der Atem gut fließt.

Schläfenkopfweh meldet sich meist sehr heftig als Migräne, häufig abwechslungsweise rechts und links. Es ist verursacht von Leber-Galle-Magenausgangsverspannung oder Bauchspeicheldrüse-Milz-Mageneingangsverspannung. Alle diese Stellen am Fuß beruhigend pressen, bis der Schmerz am Fuß und dann auch am Kopf nachläßt.

Magenmeridian am Mittelzehen gut in Schwingung bringen. Er reicht bis zur Schläfe und endet ebenfalls unterhalb der Augen.

Der Gallenmeridian am zweitkleinsten Zehen ist ebenfalls beteiligt. Er beeinflußt den Kopf rechts und links des Blasenmeridians und rund um die Ohren. Diese Meridiane sind auch untereinander in Verbindung und brauchen gegenseitig die möglichst ausgeglichenen Kräfte.

Der Nackengriff an Großzehen rundet positiv ab, besonders wenn auch die »Knie-Tore« durch den Druck geöffnet wurden.

Migräne hat mit unseren falschen Eßgewohnheiten (Kaffee, Schokolade etc.), mit Unterleibsproblemen, Ärger und Streß zu tun. Sie trifft auch häufig im Rahmen des weiblichen Zyklus auf und weist damit auf hormonelle Schwierigkeiten hin. Zuweilen ist sie eine unbewußte Möglichkeit, sich Anforderungen jeglicher Art zu entziehen. Schmerzen im ganzen Kopf können von der Halswirbelsäule oder Wirbelsäule herrühren.

Oft liegen die Ursachen bei den Unterleibsorganen, sei es im Darm oder bei Zysten und Myomen. Die am meisten schmerzende Stelle am Fuß zeigt an, wo der Herd liegt. Beckenzonen und Darm sind intensiv durchzuarbeiten. Steißbein betonen, den Über- oder Unterdruck im Kopf damit ausgleichen. Die Hände sollten warm werden. Eventuell die Füße kalt abspritzen oder auch ein warmes Fußbad machen, jeder Mensch seiner Natur und Vorliebe entsprechend.

Wenn Kopfschmerzen nicht aufhören, ist der Arzt zur Abklärung der Ursache zu konsultieren.

Schmerzmittel schlucken ist gleichbedeutend mit dem Herausschrauben der Sicherung, wenn ein rotes Warnlämpchen aufleuchtet. Die Folgen haben wir später zu tragen, mit Leber- und Nierenschäden bis zu Krebs.

Bei allen Schmerzen sollten wir uns letztlich immer wieder selbstkritisch folgende Fragen stellen: »Was mache ich falsch im Alltag?«

1. Essen wir falsch?
2. Arbeiten wir zu viel?
3. Lassen wir uns hetzen, nicht zuletzt von uns selber?
4. Tragen wir zu einseitig oder zuviel?
5. Lassen wir den Kopf zu sehr nach vorne ziehen und verspannen damit den Nacken?
6. Haben wir die Augen überfordert? Oder tragen wir eine falsche Brille?

7. Halten wir unsere Urinausscheidung zurück, sei es durch die Arbeitssituation oder aus Bequemlichkeit? Kinder nehmen sich oft keine Zeit vor lauter Spielen!
8. Ist unsere Verdauung in Ordnung?
9. Haben wir unverdaute seelische Probleme?
10. Nehmen wir uns zu wenig »Zeit der Stille«?

Eine Frau von etwa 35 Jahren erschien bei mir, verzweifelt über tägliche, krasse Kopfschmerzen über Monate hinweg. Schmerzmittel brachten keine Linderung. Sie sollte zum Psychiater, was sie dann aus Empörung zu mir führte.

Der Fußbefund ergab eine massive Kiefer- und Stirnhöhlenvereiterung mit entsprechendem Nieren-Blasenstau und geschwollener Milzzone.

Bereits nach drei Behandlungen trat eine merkliche Besserung ein. Die Ausscheidungen wurden massiv übelriechend. Die Müdigkeit war immer noch groß. Die Frau hatte wochenlang ihre Alltagsarbeit mit drei kleinen Kindern und einer Abwartstelle nur stundenweise ertragen, so schlecht fühlte sie sich.

Nach acht bis zehn Behandlungen traten kaum noch Kopfschmerzen auf. Doch floß noch monatelang ein eitriger Schleim im Hals hinten hinunter und löste am Morgen Husten mit Auswurf aus. Trotzdem gewann die ja noch junge Frau wieder ihre ganze Arbeitslust und die nötige Kraft dazu zurück. Sie nahm gezielt ab und sah sehr viel besser aus. Die ganze Familie lebte auf, denn eine Mutter muß gesund, froh und geduldig sein, damit die Familie gedeihen kann. Wie oft würde Fuß-Arbeit und damit Ganzheitsbehandlungen einen Psychiater mindestens positiv ergänzen!

Krampfadern

Der Rückfluß des Venenblutes ist über Knie-Oberschenkel-Hüfte-Kreuzbein gestört. Also heißt es, die Wirbelsäule vor allem im Beckenbereich und Lendenwirbel gut zu lockern. Auch an den Knien sanftes Öffnen der Meridiane.

Vorsicht jedoch bei den Adern, wenig Druck geben, mehr streichen, um guten Fluß zu erreichen. Auch an den Füßen vorsichtig arbeiten, wenn die Krampfadern sichtbar sind.

Sogenannte innere Krampfadern, die Schmerzen bereiten, sind meistens Meridiane, die zu wenig Schwung haben. Entsprechend ist es wichtig für den ganzen Menschen, dies nicht auf sich beruhen zu lassen.

Auch Leber-Gallenblase-Milz und Bauchspeicheldrüse müssen angeregt werden, um die Blutqualität zu verbessern, also sozusagen auf natürlichem Weg das Blut zu verdünnen. Krampfadern lassen sich nicht einfach wegwischen, aber mit Behandlung läßt sich viel besser damit leben.

Lernschwierigkeiten

Konzentrationsschwächen bei Kindern werden am besten mit einer Ganzkörperbehandlung über die Reflexzonen beseitigt. Oft sind diese Kinder ängstlich und niedergeschlagen, weil sie selten Erfolgserlebnisse haben. Man (besonders die Eltern) muß mit einem solchen Kind besonders rücksichtsvoll und aufmerksam umgehen, um es nicht zu verletzen oder die Ängste zu verstärken. Auf keinen Fall jedoch darf man Kinder mit Süßigkeiten verwöhnen – sie belasten den Organismus mehr, als man gemeinhin denkt.

Die Füße verraten, ob die Antriebsschwäche eine körperliche Ursache hat, die man dann behandeln kann.

Ausnahmslos alle Kinder, die bei mir in Behandlung waren, hatten schon nach drei bis vier Behandlungen keine Schwierigkeiten mehr, sich im Unterricht zu konzentrieren. Sie wurden leistungsfähiger und hatten sowohl in der Schule als auch in der Familie positive Erlebnisse, die sie noch mehr motivierten.

Magenbeschwerden

Wieviel liegt uns auf dem Magen!

Wir arbeiten mit ruhigem Druck an beiden Füßen gleichzeitig auf der Magenzone und dem Sonnengeflecht. Besondere Betonung verlangen Ein- und Ausgangsmuskeln, Standort eventueller Geschwüre. Dort sitzen die hauptsächlichen Verspannungen schon beim Baby, das seine Nahrung nicht behalten kann. Oder beim Kleinkind, das schlecht ißt, ebenso bei saurem Aufstoßen oder dem Schluckauf.

Leber-Gallenblase und der Zugang in den Zwölffingerdarm gehören auch in den Problemkreis, ebenso wie Bauchspeicheldrüse und Darm bis zum Ausgang an der Innenseite der Knöchel, wo auch die Hämorrhoiden sitzen.

Die Augen sind immer in Schwierigkeiten, wenn die Magenzone belastet ist.

Es kann Kopfschmerzen auslösen und vor allem eine negative Sicht zur ganzen Umwelt. Das drückt sich in herabgezogenen Mundwinkeln aus, und die Frage stellt sich: Was war zuerst? Um so wichtiger ist es, über die Füße zu ordnen, damit zu klarerem und positiverem Denken anzuregen und auch die Eigenkraft dazu aufzudecken.

Liegend am Rücken ist direkt beim untersten Rippenbogen rechts und links das »Tor der Geistseele« zu lösen. Das befreit und gibt Weite nach dem ersten Schmerz.

Ebenso wichtig sind die gelösten und geweiteten Schulterblätter, damit dort kein Stau entsteht.

Alle diese Punkte haben auch mit quälenden Kopfschmerzen in den Schläfen sowie mit Augenbeschwerden zu tun.

Eine fünfzigjährige Frau bat mich um Hilfe, weil sie seit Jahren starkes Sodbrennen hatte, das trotz vieler Medikamente immer schlimmer wurde. Der Fußbefund ergab einen äußerst verspannten Magenausgang und einen gestauten Gallengang. Sie hatte vor Jahren eine Gelbsucht, und die Gifte befanden sich noch immer in ihrem Körper. Nach der ersten Behandlung hatte sie einen entsetzlichen Brechdruchfall, aber nach einer Woche war sie beschwerdefrei.

Menstruationsbeschwerden

Haben mit der Ausgleichsarbeit aller Hormone zu tun. Der Nacken muß entspannt werden, damit die Hypophyse als »leitende Aufsicht« organisieren kann. Davon wird auch die Schilddrüse betroffen, die ebenfalls von einer gelassenen Kopfhaltung abhängig ist wie auch von einem ausgeglichenen Nervensystem.

Die Wirbelsäule sowie Kreuz- und Steißbein samt Beckenboden müssen am Fuß gut entspannt werden, was zu guter Durchblutung der Unterleibsorgane verhilft. Die Eierstöcke sind sehr oft entzündet, das zeigt sich durch besonderen Schmerz an der Außenseite der Knöchel. Innerhalb davon sind manchmal Zysten oder Myome oder Narben von Operationen über Schmerzstellen fühlbar.

Der Gallenblasenmeridian, der im Bauchraum seinen Gang auch über die Eierstöcke nimmt, ist oft stark mitbeteiligt, sowohl an Unregelmäßigkeiten des Zyklus wie auch an Schmerzen.

Mit dieser Behandlung werden auch Rücken- und Kopfschmerzen gelöst. Wichtig ist dabei das Ileosakralgelenk unter der Innenseite des Knöchels.

Hinter diesen Beschwerden liegen auch seelische Fragen, zum Beispiel fehlendes Ja-Sagen zum Frausein schon aus Kindertagen, Eheprobleme, Angst vor Schwangerschaften oder Abneigung gegen die Pille.

Eine junge Frau litt so sehr unter ihren Monatsbeschwerden, daß sie sich jeweils mindestens einen Tag und eine Nacht in Krämpfen wand.

Über die Fußarbeit erreichten wir Linderung in kurzer Zeit, aber nicht gänzliche Besserung.

Über spezielle Zeichnungen, die auch die Kindheitssituation aufdeckten, ließ sich dann auch die restliche Verspannung angehen und damit generell eine positivere Lebensphase einleiten.

Müdigkeit

Ist eine gefährliche Zeiterscheinung, besonders bei jungen Frauen.

Sie tötet Geduld, Freude und Unternehmungslust in den jungen Familien und kann der Beginn von ernsthaften Problemen sein. Oft setzt diese dauernde Müdigkeit nach Geburten ein und weist hin auf ein unharmonisches Drüsensystem. Dadurch werden die Ausscheidungen der verschiedenen Organe mangelhaft und die Restgifte im Körper führen zu Apathie und Lustlosigkeit jeder Art.

Es gilt also, gute Fußarbeit zu leisten und auch genügend zu trinken, um die Reinigung zu unterstützen. Besonders Beckenverspannungen sind zu lösen, ebenso Blockaden der Wirbelsäule und im Nackenbereich. Oft sind Meridiane an den Knien massiv geblockt und halten die positiven Kräfte schmerzhaft fest, die wir eigentlich im Körper für den Alltag benötigen. Sobald ein Mensch wieder Arbeit und Freizeit plant und die Kräfte ausreichen, auch zusätzliche Freuden zu schenken, ist er wirklich gesund.

Einmal rief mich eine Frau nach einer einzigen Behandlung an und sagte den nächsten Termin ab. Sie habe den ganzen Hausputz, seit zwei Jahren hinausgeschoben, nun erledigt.

Tausend Dank, ade!

Multiple Sklerose

Sie ist bei frühem Erfassen sehr wohl aufzuhalten.

Es bedingt sehr gute Fußarbeit in der Halswirbel- und Wirbelsäulenzone, mit ausführlicher Muskelentspannung des

Schulter-, Arm- und Rückenbereiches. Der ganze Stoffwechsel muß über alle Ausscheidungsorgane immer neu angeregt werden, um keine Eigenvergiftung aufkommen zu lassen. Sehr gute Arbeit muß auch in den Beckenzonen geleistet werden.

MS-Patienten stehen immer unter starkem Druck über Jahre hinweg. Das »staucht« sie zusammen und drosselt alle Funktionen des Körpers. Über die Reinigung des Körpers wird auch die Seele freier und leichter. Es wächst das Selbstvertrauen, seine Probleme zu lösen. Dann besteht die Chance der Regeneration.

Sehr wichtig wird zusätzlich die Ernährung aus Roh- und Vollwertkost mit möglichst wenig Reizstoffen und denaturierten Nahrungsmitteln. Produkte aus biologischem Anbau sind dabei besonders wertvoll.

Mit Dankbarkeit kann ich bezeugen, daß ich einige Frauen behandelt habe, die dann jahrelang (ca. 10 Jahre) keinen Schub mehr hatten, sondern im Gegenteil aufgeblüht sind. Es gilt jedoch, immer an der Arbeit zu bleiben.

Ein anderes Mal konnte ich kaum etwas verändern; es ist also stark abhängig vom seelischen Aufschwung.

Nackenschmerzen

Es ist von großem Vorteil, den Nacken auch direkt zu massieren zur Schädelbasis hin, Schulterpunkte auf den Meridianlinien durch Akupressur zu durchbluten.

Nacken und Hals haben mit unseren Beinen zu tun und sind somit stark von der Haltung des ganzen Körpers abhängig. Die Schädelbasis hat als Gegenpol mit den unteren Halswirbeln und dem Becken Verbindung. Das heißt, Nacken und Schulterprobleme lassen sich nur lösen, wenn wir auch im Beckenbereich Ordnung schaffen.

Also am Fuß gut im Fersen- und Knöchelbereich arbeiten. Das ist ebenso wichtig für die Augen, sowohl von der Sehkraft her wie auch wegen Entzündungen der Bindehaut. Langjährige Nackenverspannungen beeinflussen die Schilddrüsenarbeit. Damit ist die Stoffwechselarbeit gestört, und der Körper bietet eine Angriffsfläche für negative Viren. Viele schwere, unerklärliche Krankheitsbilder beginnen mit diesen Beschwerden.

Nervosität

Nervosität ist nicht nur vom psychischen Zustand und der Umwelt abhängig. Der ganze Körper braucht eine Behandlung, die Energien müssen ausgeglichen und »in die richtigen Bahnen gelenkt« werden.

Oft heißt es, ähnlich wie bei Migräne, das ist vererbt, ich war schon ein nervöses Baby. Sicherlich bringt jeder Mensch seine Anlagen mit und werden durch die Familie oft verstärkt. Aber wenn der Ausdruck »vererbt« fällt, wird jede Änderung verunmöglicht! Ich strebe wenigstens eine Besserung an!

Der ganze Fuß bzw. Mensch braucht Behandlung. Sehr sorgfältig ist die ganze Wirbelsäulenarbeit zu leisten, besonders im Gebiet der Schilddrüse und des Nackens, also untere Halswirbel und Durchgang zur Schädelbasis. Im weiteren das Magengebiet-Sonnengeflecht. Aber auch die Leber-Gallenblase mit dem Meridian vom zweitkleinsten Zehen aus ist in Fluß zu bringen.

Gestaute Gallenenergie kann sehr nervös machen. Sie kann aber auch Mut und Kraft geben, wenn sie im Einklang ist. Die Schilddrüse ist sowohl abhängig von der Spannung des Hals- und Nackenraumes, wie auch vom Magen und Sonnengeflecht her. Der Name Schilddrüse weist vielleicht darauf hin, daß sie Emotionen, die bis zum Hals steigen, abfängt, damit das Gerhirn nicht unkonzentriert überflutet wird, wir also nicht »durchdrehen«.

Eine sechzigjährige Frau hatte seit ihrer Kindheit nervöse Darmbeschwerden und etliche Operationen (sogar einen Darmverschluß) hinter sich. Nach sechs Behandlungen waren ihre Beschwerden deutlich, wenn auch nicht ganz zurückgegangen.

Nierenbeschwerden

Laufen oft sehr versteckt ab über lange Jahre. Die schwache Niere löst Rücken- und Kopfweh aus. Sie bewirkt Rheuma in den Gelenken und Muskeln und verursacht Depressionen und Müdigkeit, Erkältungen, Herzbeschwerden, Diabetes etc.

Am Fuß sind die gestauten Harnwege und die aufgefüllte Blase deutlich erkennbar. Es ist dies ein sehr verbreitetes Übel, das aus Spannungen und Ängsten, aber auch aus unserem Klima entsteht.

Solche Menschen erklären auf Befragen fröhlich, daß alles in Ordnung wäre, sie mindestens zweimal pro Tag Wasser lösen würden, und das schön hell und klar!

Wenn wir uns überlegen, was die Niere für eine immense Aufgabe der Reinigung des Blutes zu erfüllen hat, begreifen wir etwas besser, was die Naturheilkunde anstrebt. Möglichst reines Blut, einen möglichst durchlässigen Körper, wo jede Zelle mitmacht, und eine gute Durchblutung.

Das wiederum verlangt Ausscheidung der negativen Stoffe, also mindestens sechs bis acht dunkel gefärbte Blasenentleerungen, was den Körper nicht nur löst, sondern erlöst von den obengenannten Beschwerden.

Also Wirbelsäule, Sonnengeflecht, Bauchspeicheldrüse und Nieren-Harnweg-Blase und Schließmuskel. Bis in den Beckenboden gut entspannen und durcharbeiten.

Fast jeder Mensch braucht diese lösende Hilfe, die besonders beruhigend über die Öffnung der Meridiane an der Innenseite der Knie erfolgt. Die beidseitigen Punkte des Blasenschließmuskels, wie auch der »Familienpunkt« an der Nebenniere, welche Leber-Herz und Nieren in Ausgleich bringt, können Wunder wirken.

(Leber = Vater, Herz = Mutter, Nieren = Kinder in der Akupunktur). Zusätzlich den Nackengriff am Großzehen. Diese Stellen weisen erneut daraufhin, wie sehr alles zusammengehört.

Oft setzt nach den ersten zwei bis drei Behandlungen eine große Müdigkeit ein, weil eben jede Zelle gereinigt werden muß. Dieser Müdigkeit soll auch nachgegeben werden. Genügend Flüssigkeitszufuhr. Nieren-Blasentee ist dabei eine große Hilfe. Am Nachmittag besonders viel und in Ruhe getrunken, hilft dem Körper, die Spezialzeit der Blase und Niere nach der Organuhr auszunützen.

Darauf erfolgt sehr oft ein viel leichteres »helleres« Gefühl, besserer Blutdruck, Kraft, Mut und ein strahlendes Aussehen. Oft bessert sich die Sehkraft wesentlich, Rheumaschmerzen sind weg, Nackensteifheit verschwindet, ebenso die Kopfschmerzen.

Ohrenschmerzen

Sind eine sehr schmerzhafte und gefährliche Angelegenheit, besonders wenn sie immer wieder neu auftreten trotz massiver Antibiotikazufuhr.

Am Fuß sind die gestauten Nieren, Harnweg und Blasenzonen auffallend. Dort auch können wir die Ursachen stoppen. Die Milz, »Polizeiorgan« im Blut gegen Entzündungen, muß angeregt werden, um die Eigenabwehr zu stärken.

Es kommt vor, daß diese Zone erst gar nicht schmerzt, weil das Organ durch die Medikamente seine Aufgabe nicht mehr angeht. Durch anregenden Druck erwacht sie jedoch, denn der Körper versucht stets, sich zu ordnen, wenn wir nur ein wenig Hilfeleistung bieten.

Natürlich ist auch die Ohrenzone am Großzehen und den zwei kleinsten Zehen gut durchzuarbeiten.

Also besonders bei Kindern sorgfältig einfühlen und erst nach einiger Zeit tiefer hineingehen.

In diesen Zonen kann auch der Druck bei Höhenunterschieden ausgeglichen werden. Dies ebenso zwischen den zwei kleinsten Fingern und an den Daumen beider Hände.

Ein 18 Monate altes Kind wurde wegen extremer Schlafstörungen seit mehr als einem Jahr und einer akuten Mittelohrentzündung zu mir gebracht. Nach einer Behandlung schlief das Kind zwölf Stunden durch und sein Urin war anderntags braun gefärbt, nicht nur gelb. Leider wohnte diese Familie so weit weg, daß nicht jeden Tag eine Behandlung erfolgen konnte, was in solchen Extremfällen über drei bis fünf Tage nötig wäre.

Entsprechend gab es daher Rückfälle. Die Zonen zeigten deutlich am Fuß, wie sehr das Kind in Schwierigkeiten steckte und daß es nicht nur einfach verwöhnt war! Auch die Ohrenzonen schmerzten sehr. In der Höhe der Brustwirbelsäule ergaben sich über das Schreien und dabei Zurückbeugen verhockte Staustellen in Nierenhöhe. Kreuz und Beckenraum blockierten zusätzlich, was dann auch zu den Schlafstörungen führte. Oft lösen ursprünglich geopathische Störfelder das Problem aus.

Nieren und Blase haben zudem mit Angst zu tun, nach östlicher Lehre. Wir sagen ja auch bei Schrecken und Angst: »Das geht an die Nieren.« Kinder spüren viel mehr als wir denken. Ein schreiendes Kind wird leicht weniger geliebt, und schon hat der negative Kreislauf begonnen.

Solche Kinder brauchen Mütter, die selbst behandeln können, um sofort einzugreifen, denn eine solche Schwäche bleibt meist über längere Zeit.

Rheumatismus

Am Fuß ist die ganze Wirbelsäule von Spannungen zu befreien. Dadurch werden alle Organe über die bessere Durchblutung zu guter Arbeit angeregt, bis zur letzten Zelle. Sobald Leber-Niere und Darm gute Arbeit leisten, fühlen wir uns beschwingter.

Die Schmerzen verschwinden nach einigen Behandlungen, und so ist es auch leichter, positive Gedanken zu entwickeln. Schmerz aber ist der Schrei des Gewebes nach Energiedurchflutung. (Dr. Voll)

Natürlich sind alle Schmerzstellen besonders anzugehen. Knie und Hüften blockieren den Energiefluß. Wenn dort durch Druck geöffnet wird, somit die Meridiane in Fluß kommen, lösen sich auch die Schmerzen in Schultern und Armen. Die Halswirbelsäule muß dafür besonders gut gelöst werden.

Schmerzen in der rechten Schulter haben mit der Leber und Gallenblase zu tun, müssen auch dort behandelt werden: also in der Leberzone unterhalb des Schultergelenks. Ärger und verkappte Wut sind psychisch mitbeteiligt.

Links sind die Schmerzen mit der Bauchspeicheldrüse und Milz verquickt, also muß entsprechend in dieser Zone behandelt werden.

Psychischen Anteil haben versteckte, oft langjährige verletzte Gefühle. Die Arbeit an Nieren, Blase und Schließmuskel sorgt für reineres Blut.

Auch die Meridiane an den Fingern können wichtig sein, besonders bei Gichtfingern.

Der Zeigefinger hat mit dem Dickdarm Verbindung. Sehr wichtig ist der Ringfinger, dreifacher Erwärmer, der entspannenden Wärmeausgleich bringt und Starre lösen hilft. Viele Rheumakranke frösteln häufig. Der kleinste Finger hat mit Dünndarm und Herz zu tun. Hilft also reinigen und weckt – über die Herzkraft – Lebensfreude, die wichtig ist zum Gesunden.

Das sogenannte Muskelrheuma hat immer mit gestauten Meridianen zu tun.

Schwangerschaft und Geburt

Mit großem Vorteil werden schon einige Behandlungen vor Eintritt der Schwangerschaft gemacht. Das bietet dem Kind und der

Mutter die besten Voraussetzungen, vor allem auch als Hilfe, wenn schon Fehlgeburten vorausgegangen sind.

Auch später ist prinzipiell gleich zu behandeln wie sonst. Leichter Druck bei Hypophyse und Gebärmutter, dafür gute Entstauung im Beckenboden.

Schwangerschaftserbrechen kann beruhigt oder behoben werden durch Magenentspannung, besonders beim Ein- und Ausgang. Die Gallenblase sowie der Gallenblasenmeridian brauchen guten Fluß. Der ganze Beckenraum benötigt gute Entspannung und damit Reinigung. Ebenso wichtig sind die Nieren, um jeder latenten Vergiftung vorzubeugen.

Zu viele werdende Mütter leiden an gestautem Wasser im Körper. Je besser die Mutter von Anfang an ihren Atem ins Becken leiten kann, desto beschwerdeloser wird sie diese Zeit erleben können, und das werdende Menschlein wird sich wunderbar aufgehoben fühlen.

Die sogenannten »wilden« Wehen können in kürzester Zeit über lösenden Druck im Beckenboden, das heißt am Fersenrand, beruhigt werden.

Das können auch Väter lernen, wie überhaupt die Hilfe bei der Geburt über die Füße sehr erfreulich ist. Über die Hypophyse können übrigens auch Wehen ausgelöst werden, falls dies nötig ist.

Das Sonnengeflecht wirkt beruhigend, ebenso der Druck beim Steißbein beidseitig.

Kreuzschmerzen lassen sich an der Wirbelsäule und am Ileosakralgelenk lösen. Sogar das Streichen der Füße, besonders auf der Innenseite, beruhigt.

Es sind schon viele Geburten auf diese Art erleichtert worden, auch in Spitälern von Hebammen.

Ganz wichtig kann die sanfte Großzehen- und Fußmassage nach der Geburt für das Kindlein sein. Es hilft das Geburtstrauma lösen und sollte vor allem nach schweren Geburten erfolgen. Die Reaktionen des Kindes sind ganz wunderbar. Es blüht auf wie eine Knospe, die sich öffnet, der Atem fließt sofort deutlicher. Das ist vor allem wichtig bei Frühgeburten. Eine große Bedeutung beim Neugeborenen hat aber auch der Rückstau bei Schultern und Becken, der oft beträchtlich ist und spätere Schwierigkeiten auslösen kann. Ich bin erschüttert, wie viele ältere Kinder starke Schmerzen haben, wenn sie dort berührt werden. Das kann nicht ohne Folgen bleiben.

Bei Kindern, welche lange Zeit nicht durchschlafen, gilt es die Leber-Galle-Bauchspeicheldrüse und Milzzone zu entlasten. Ebenso Magen-Darm und Nieren-Blase. Auch der Nackengriff – natürlich sanft – gehört dazu. Es ist heute oft üblich, die Kinder bei jedem Schrei zu stillen oder mit Tee, oft dazu noch gesüßt, zu beruhigen. Das ergibt eine Organbelastung, welche immer ärger wird und die Kinder überhaupt nicht mehr schlafen läßt.

Das ist an den Füßen deutlich sichtbar und läßt sich beheben, wenn auch die Denkweise geändert wird. Solche Mütter und Väter wollen ihren Kindern keinen »Frust« bereiten, tun dies jedoch auf diese Weise erst recht, nur etwas später.

Der Körper braucht den Rhythmus von Nahrungsaufnahme, Verdauung und Aufbau in der Ruhe. Auch die klare Linie, die dadurch fühlbar wird, gibt innere Sicherheit.

Ich traf einen jungen Vater, der, von seiner sechs Wochen alten Tochter allnächtlich gestört, recht erschöpft wirkte. Er gab meine Hinweise an seine Frau telefonisch durch, welche die junge Mutter erstaunlicherweise sofort durchführte. Das Kind schlief sofort nach der Behandlung ein und verlangte seine nächste Mahlzeit erst am nächsten Morgen. Die ganze Familie erholte sich.

Schlafstörungen

Schlafstörungen haben häufig psychische Ursachen, aber auch organische Schwächen können den Schlaf beeinflussen (siehe Organuhr nach Dr. Stiefvater, Seite 99).

Schon eine normale Fußmassage wirkt oft beruhigend. Über die Reflexzonen kann man das Nervensystem beruhigen, organische Krankheiten heilen und den Atem in Fluß bringen. Welche genauen Maßnahmen Sie ergreifen müssen, verraten Ihnen die Füße des Patienten. Wenn eine organische Erkrankung vorliegt, sind die Punkte an den Füßen verändert oder schmerzhaft. Der Magenmeridian, der in der Augen- und Schläfenregion endet, muß in Fluß gebracht werden. Auch Verspannungen im Rücken sind zu lösen. Am Großzehen ist der Nackengriff wichtig mit entsprechender Entspannung und Durchlässigkeit des Halses und Nackens. Weiters aber auch in Schläfen- und Augenhöhe, wo der Hypothalamus zu finden ist. Schließlich kann es wichtig sein, nochmals vom Steißbein her den Atem in den Beckenraum zu holen.

Durch die Reflexzonenmassage konnte ich vielen Menschen, die an Schlafstörungen litten, helfen. Oft reichte es auch, die psychischen »Knoten« (Streß, mangelnde Problembewältigung, Mutlosigkeit oder Überbelastung) zu lösen, aber auch durch die Organarbeit kann man die Energien aktivieren und eine Beruhigung herbeiführen.

Schilddrüse

Jeder kennt das Gefühl von schwierigen Situationen her, da Emotionen vom Magen oft siedendheiß aufsteigen und dann den Kloß im Hals ergeben, oder das enge abschnürende Gefühl, als läge ein Strick um den Hals. Auch eine Schilddrüsenerkrankung hat meistens seelische Ursachen. Es gilt, herauszufinden, was der Patient nicht »schlucken« kann. Wenn er selbst die Probleme erkannt hat, ist die Heilung eigentlich schon eingeleitet. Über die Reflexzonen können wir Stauungen durchlässig machen und die Energien aktivieren. Schilddrüsenbeschwerden haben manchmal Unregelmäßigkeiten am Herzen zur Folge.

Am meisten kann man durch eine Ganzkörperbehandlung am Fuß erreichen. Natürlich müssen der Nackenbereich und die Ausscheidungsorgane besonders behandelt werden. Zu hoher Augendruck, der auch über die Schilddrüse gesteuert wird, kann über den Magen- und den Nierenmeridian ausgeglichen werden.

Eine 21jährige Frau bat mich einmal um eine Behandlung. Sie hatte nervöse Herzbeschwerden, und da die Medikamente, die ein Arzt ihr verordnet hatte, keine Besserung brachten, sollte sie einen Psychiater konsultieren. Das aber wollte die Patientin nicht. Ihre Füße verrieten mir, daß ihre Nacken- und Halsregion nicht nur verspannt, sondern sogar verhärtet war. Die Schilddrüse funktionierte nicht so, wie sie sollte. Die junge Frau war Goldschmiedin und hatte Haltungsschäden, weil sie sich bei der Arbeit oft verkrampfte. Nach nur zwei Behandlungen, bei denen ich die Halswirbelsäule und den Nackenbereich lockern konnte, war diese Patientin beschwerdefrei. Die Herzzone war wieder ausreichend durchblutet, und ihre Nervosität war verschwunden.

Schulterschmerzen

Zeugen von seelischem Druck, von Belastungen, die wir tragen, vielleicht auch von Starrheit, je nach Haltung, welche ja letztlich die Lebenshaltung ausdrückt.

Wichtig ist, zuerst liegend die Schulterblätter gut auszuziehen! Am Fuß ist vor allem die Halswirbelsäule gut zu ordnen. Es ist deutlich fühlbar, wenn ein Halswirbel verschoben ist und recht schmerzhaft, dies zu korrigieren. Es wirkt aber wie Chiropraktik und oft nachhaltiger, weil gleichzeitig die verspannten Muskeln ihre Fehlhaltung loslassen.

Weitere Bedeutung haben Magenausgang, Leber-Gallenblase rechts und Mageneingang-Bauchspeicheldrüse-Milz links.

Der »Familienpunkt« an der Fußsohle gegenüber dem Schmerzpunkt der Schulterblätter, welcher zusätzlich Nebennieren und Herz anspricht, beruhigt, gleicht Energien aus.

Wieder braucht es gute Arbeit im Beckenraum als Gegenpol der Schultern.

Nur so gibt es bei starken Beschwerden eine Heilung.

Ein beinahe 60jähriger Mann war mehr als ein halbes Jahr trotz Spitalaufenthalt und entsprechenden Therapien arbeitsunfähig. Er konnte kaum den Kittel ausziehen.

Erst bei fast ausschließlicher Arbeit im Kreuzbein ließen die Schmerzen nach.

Nach acht Behandlungen war er beschwerdefrei! Die Ausscheidungen zeigten sich entsprechend stark!

Vegetative Dystonie

Es ist wichtig, die Ursachen anzugehen. Vielleicht kann und muß im Leben etwas Wesentliches geändert werden.

Von den Füßen her kann dieser Prozeß »über seinen Schatten zu springen« unterstützt werden. Wir brauchen für alle Entscheidungen im Leben Kraft, dann lassen sich die Knoten lösen. Wir können den Körper entspannen lernen, so laden sich die »Batterien« wieder auf. Ganz fein ist die bewußte Atemarbeit als weitere Hilfe. Bewußt heißt – Durchatmen bis in den Beckenraum, heißt –, die Füße am Boden spüren, so daß die Erde Sicherheit und Kraft spenden kann.

Neben Sonnengeflecht-Magen-Leber-Gallenblase-Bauchspeicheldrüse-Nieren-Blase zeigt auch der Reflex des untersten Rippenbogens in der Nähe des Ellbogens starke Schmerzempfindlichkeit am Fuß.

Sie sind auch liegend am Rücken gepreßt sehr wirkungsvoll.

Nach Akupunktur heißen diese Punkte (Blasenmeridian 47) »Tor der Geistseele«. Sie haben mit unserem Wissen und Wollen zur Ausführung des Erkannten zu tun. Entsprechend sind sie ein Leben lang äußerst wichtig.

Sie dürften analog zum Empfängnispunkt in der Pränatal-Therapie sein.

Die Pränatal-Therapie geht davon aus, daß die ganze vorgeburtliche Zeit über die Wirbelsäule am Fuß beeinflußbar ist.

Es wird sehr sensibel darüber gestrichen, was Blockaden löst mit entsprechenden Erfolgen im seelisch-körperlichen Bereich.

Bei Babys, die zuviel schreien, nicht schlafen wollen, kommen diese Punkte schon zum Zug.

Geist und Materie sind nicht im Ausgleich. Vielleicht war das Kind nicht gewünscht, oder die Eltern haben Probleme. Also lieb haben!!

Diese Punkte haben auch damit zu tun, daß wir unseren Willen zu sehr einsetzen und zu wenig wissen, daß Loslassen meistens alle Dinge ordnet.

Es ist sehr hilfreich, dort auf Tennisbällen zu liegen, und dadurch den Atem bis zu den Füßen zu leiten.

Diese Punkte unterhalb der Schulterblätter sind fast immer schmerzhaft. Mit Hilfe des Atems kommt so der Fluß durch den Rücken und den ganzen Körper in Gang.

Ein Weg des »Loslassens« und damit die innere Führung erspüren lernen, kann so beginnen.

Oft kommen bei solchen Behandlungen erst einmal die Tränen, auch ein Loslassen! Es ist wichtig, sie nicht zurückzuhalten, um endlich die Spannungen abzubauen. Dann kann es wieder aufwärts gehen.

Ein junges Mädchen erschien mit Hautausschlägen, depressiv, todmüde. Sie schluckte seit sieben Jahren Medikamente gegen Epilepsie und wollte davon loskommen. Bei der zweiten Behandlung war sie noch müder als sonst und brach hilflos in Tränen aus. Ich spürte, daß sie sich wieder zusammennehmen wollte, und ließ sie allein. Nach einer Stunde erschien sie, und es folgte noch ein gutes Gespräch.

Dann ging es massiv aufwärts. Sie blühte auf, bekam Arbeitslust und überhaupt Unternehmungslust. Es war ihr sogar möglich, die Trennung von ihrem Freund im Guten zu nehmen. Nach sieben bis acht Behandlungen war sie ein neuer Mensch, der mutig ins Leben hineinging!

Verstopfung

Betrifft selbstverständlich alle Verdauungsorgane, aber auch die Wirbelsäule, das Sonnengeflecht.

Wieder ist der Atem wichtig, der auch die Beckenräume belebt.

Alle Meridiane gehören dazu, besonders Gallenblase und Milz-Pankreas.

Der Gallenblasenmeridian ist oft in der Mitte des Oberschenkels an der Außenseite des Beines blockiert. Dort hilft auch eine Eigenmassage. Nahrung und Flüssigkeitszufuhr sollte ausgeglichen sein, wobei nicht jeder Mensch gleich reagiert.

Hintergründig ist es gut, sich damit auseinanderzusetzen, was wir in unserem Leben nicht verdauen können.

Meist wird der Stuhlgang nach spätestens drei Behandlungen sehr übelriechend, und es gibt massive Entleerungen.

Das verbessert Kopfweh, Müdigkeit, Rheuma, Rückenweh, schwere Beine und Völlegefühl.

Es ist unglaublich, wie schlecht gereinigt unser Körper oft ist. Fastende erleben nach drei Wochen sehr drastische Ausscheidungen.

Völlegefühl und Blähungen

Hängen in erster Linie von der Bauchspeicheldrüse ab. Es sollen die Eßgewohnheiten überprüft werden sowie die Menge und Verteilung der Mahlzeiten.

Über die Füße sind alle Verdauungsorgane gut zu bearbeiten. Aber auch Nieren und Sonnengeflecht brauchen Entlastung.

Die Haltung und daraus folgend die Atmung sind auszugleichen. Ein hohles Kreuz bremst den Atem in der Gürtellinie. Die Hände auf dem Unterbauch helfen Verbindung schaffen.

Diese Belastungen können vermeintliche Herzbeschwerden auslösen. Es lohnt sich, mit gutem Turnen, Rhythmik oder Yoga mehr über die Körperhaltungen erspüren zu lernen.

Verstauchungen

Sind so schnell wie möglich zuerst am gesunden Fuß an denselben Stellen zu massieren. Zuerst mehr ausstreichen, dann auch ruhig und mit immer stärkerem Druck an den Hauptschmerzstellen. Darauf am kranken Fuß die gequetschten Stellen in Bewegung bringen. Natürlich sanft!

Schmerz ist der Schrei des Gewebes nach Energiedurchflutung!

Die Massage so bald wie möglich wiederholen. Auch am Knie dem Energiefluß Bahn schaffen. Fuß trotzdem bandagieren zum Schutz.

Ein junger Mann verletzte sich einen Tag vor den Ferien am Fuß und kam sofort zur Behandlung. Er konnte in der folgenden Woche völlig normal Sport treiben.

Wadenkrämpfe

Zu wenig Bewegung, folglich Stauungen in den Beinen. Säureüberschuß in der Nahrung, herrührend von Kaffee, Fleisch, Süßigkeiten. Meist verschwinden die Krämpfe nach spätestens drei Behandlungen, auch wenn grundsätzlich andere Probleme angegangen werden. Da liegt ja der Vorteil der Ganzheitsbehandlung.

Sie haben teils mit Mineralsalzmangel (Mangesium etc.) zu tun. Daneben sind sie meist ein Anzeichen von gestörtem Wasserhaushalt. Der Blasenmeridian führt an diesen Staustellen entlang und braucht Anregung. Wird dies nicht erkannt, kommt es zu Rücken- und Kopfschmerzen, dazu Rheuma in allen Gliedern.

Hals- und Wirbelsäule brauchen gute Arbeit, tief in die danebenliegenden Muskeln, wo der Blasenmeridian entlanggeht. Niere, Harnweg, Blase und Schließmuskel müssen angeregt und entspannt werden. Die Beine werden am besten sowohl hinten in der Mitte der Wade, wie in der Kniekehle, wo sich die Arthrose gern ablagert, mit klarem Druck in einen guten Energiefluß gebracht.

Ebenso wichtig ist es an den Knie-Innenseiten, wo Leber-Milz-Pankreas- und Nierenmeridiane verlaufen. Vorsichtig, aber gut ins Fließen bringen. Beckenraum entspannen. Atem kommen lassen, auch durch den Nackengriff.

Weitere Gründe für Wadenkrämpfe können sein:
Eine geopathische Störung, also Bett versetzen.
Zu wenig Flüssigkeit, so daß der Wasserhaushalt mangelhaft funktioniert.

Wechseljahre

Ganzbehandlung, dann vor allem die Hypophyse wie auch Sonnengeflecht, Nieren-Blase, Unterleibsorgane und natürlich Beckenboden. Weiter ist wichtig, alle Meridiane gut in Bewegung zu bringen und den »Antidepressionspunkt« nicht zu vergessen.

Nachtschweiß ist immer auch ein Zeichen von Schwäche, benötigt eventuell auch den Ausgleich über Mineralien.

Übermäßiges Schwitzen weist auf mangelnde Nierenfunktion hin. Der Körper versucht sich über die Haut zu entlasten. Nierenanregung am Fuß ist optimal und zeigt auf, ob die Schwäche mehr vom Nervenstreß oder wirklich vom Organ herrührt.

Manchmal sind die Harnwege am Fuß deutlich verstopft. Die Rückstände müssen zur Blase auch mit entsprechender Flüssigkeit abgeleitet werden. Es empfiehlt sich, lieber warmen Tee zu trinken als kaltes Wasser oder Bier. Auch eiskalte Milch ist gefährlich für solche Menschen, sowohl von der Temperatur als auch von der Zusammensetzung her (Nierensteine).

Die Wechseljahre verlangen viel von der Frau, sowohl körperlich wie auch seelisch.

Nach den Jahren der Päsenz für die Familie besteht nun die Möglichkeit, seelische und geistige Interessen vermehrt zu pflegen. – Ich glaube an diesen Auftrag der Frau.

Könnte sie auch dem Manne von diesen Werten vermitteln, so würde sich vieles in dieser Welt ändern. Altern hieße nicht mehr nur leidensvoll warten auf den Tod, mit möglichst viel Abwechslung und Ablenkung vorher. Es könnte die Zeit der Arbeit an sich selbst werden.

Im Mittelalter versuchten die Magier Steine in Gold zu verwandeln. Dahinter steht das innere Wissen, daß Materielles mit Geistigem geläutert werden kann.

Dieser alchemistische Prozeß bedeutet, die Steine, die uns das Leben in den Weg legte, in Reife und Erkenntnis in Gold zu verwandeln. Die körperliche Hilfe verläuft vor allem über den Nackenbereich. Je verspannter ein Mensch dort ist, also je mehr er sich auflehnt, desto weniger läßt sich der Körper hormonell ordnen. Sowohl Hypophyse wie Schilddrüse sind dort abhängig von guter Durchblutung, um den Körper optimal zu steuern. Wir machen uns viel zu wenig Gedanken über das unerhörte Zusammenspiel aller Drüsen und Organe.

In den Wechseljahren kann es vorkommen, daß durch die Behandlung nach längerem Unterbruch nochmals eine oft recht heftige Periode ausgelöst wird, sehr zur Erleichtrung der Frau. Das erspart zuweilen eine Auskratzung.

Bei einer 55jährigen Frau spürte ich am Fuß die gestaute Gebärmutter und wies sie darauf hin, daß in diesem Fall auch nach zwei Jahren Unterbruch nochmals eine Blutung eintreten könnte, was auch prompt eintraf. Ihre vorherigen Beschwerden und Depressionen verschwanden nach nur drei Behandlungen. Leider freute sich ihr Frauenarzt nicht mit, es war ihm unverständlich.

Geopathische Störungen

Können eine Ursache sein, wenn wir über die Füße nicht langfristig zu einem besseren oder sogar guten Allgemeinzustand kommen.

Negative Kräfte der Erde können uns vor allem nachts stören, so daß wir nicht oder zu tief schlafen. Sie lösen alle Arten von Beschwerden aus und sind nicht zuletzt krebsfördernd, wenn andere, zum Beispiel seelische Ursachen, dahinzielen.

Am besten ist, Schlaf- und Arbeitsplatz auszupendeln und entsprechend zu möblieren. Es gibt auch besonders gute Standplätze.

Schutz für sich selbst!

Sehr wichtig ist für den Behandelnden die innere Sicherheit, sich selbst in Verbindung mit den heilenden Urenergien zu fühlen und zu üben, Licht und Kraft in sich einzulassen.

Das ist der beste Schutz gegen negative Energien jeder Art, die über die Füße, als Ausscheidungsorgane, in uns überfließen könnten.

Darin liegt aber auch die Chance, innerlich zu wachsen und in der meditativen Stille neue Dimensionen zu erfahren.

Zum Schluß dieses Kapitels möchte ich noch einige Sonderfälle anführen.

Besonders am Herzen liegen mir die phosphatgeschädigten Kinder (POS-Kinder). Leider sind immer noch viele industriell hergestellte oder raffinierte Nahrungsmittel phosphathaltig. Manchmal sind sogar schon Embryos mit diesem Schadstoff belastet, das kann Entwicklungsschäden zur Folge haben. Oft hilft eine Entstauung der Wirbelsäule und des Nackenbereichs ebenso wie eine Behandlung des Beckenraumes und aller Ausscheidungsorgane.

Krebs ist eine sogenannte Zivilisationskrankheit. Manche Wissenschaftler sagen, daß diese Krankheit erst durch eine psychische Schwäche zum Ausbruck kommen kann.

Über die Fußreflexzonen können wir alle Organe besser durchbluten und mit mehr Energie versorgen, auch seelische Spannungen lösen sich rasch. Dadurch ist es möglich, Krebs vorzubeugen.

Die Anregung der Thymusdrüse und der Milz, sowie der Reinigungsprozeß aller Organe hilft wesentlich bei diesem Prozeß.

Erschreckt hat mich weiter verschiedentlich, daß ich nach längeren Antibiotika-Kuren bei Kindern Diabetes beobachtete. Das sind weitere Warnsignale.

Niemand jedoch kann seinem Schicksal entgehen. Eine schwere Erkrankung ist eine Prüfung, die wir möglichst gut überstehen müssen. Gelassenheit und die geistige Auseinandersetzung mit dem Sinn des Lebens helfen Schwerkranken weiter. Viele Menschen erkennen erst auf dem Totenbett, warum sie gelebt haben, und sie finden in den letzten Augenblicken ihres irdischen Daseins Erfüllung.

Durch eine liebevolle, einfühlsame Behandlung über die Reflexzonen können wir auch an Krebs erkrankten Patienten Erleichterung verschaffen, indem wir Spannungen auflösen und Energien freisetzen.

Als Geißel der Menschheit wird Aids angesehen. Moralapostel meinen, daß diese Seuche die Strafe für sexuelle Freizügigkeit ist.

Ich persönlich glaube jedoch, daß die Immunschwäche überhaupt nur entstehen konnte, weil die Menschheit in den letzten Jahrzehnten so achtlos mit sich selbst umgegangen ist. Der Körper, der ja bekanntlich der Tempel der Seele ist, wird durch schädliche Umwelteinflüsse geschwächt; bei den kleinsten Beschwerden nimmt man Medikamente, von denen man sich rasche Heilung verspricht, und achtet so gut wie gar nicht auf psychische und physische Ausgeglichenheit. Ist es unter diesen Lebensbedingungen ein Wunder, daß der menschliche Organismus nicht mehr in der Lage ist, sich selbst von Krankheitserregern zu reinigen?

Wenn wir bewußter leben, die Umwelt schonen und auf die natürlichen Kräfte, die uns zur Verfügung stehen, vertrauen, besiegen wir auch schlimme Attacken. Ausreichende Bewegung, gesunde Ernährung und gute Luft sind sehr zuverlässige Helfer bei der Überwindung von Krankheiten. Medikamente sollte man wirklich nur in Notfällen einnehmen, dann wirken sie auch prompter und effizienter. Eltern können schon ihre Kinder durch liebevolle Zuwendung und eine gesunde Lebensweise gegen die Angriffe von Krankheiten wappnen. Ein ausgeglichenes Kind wird ein zufriedener Erwachsener, der mit allen Anforderungen, die an ihn gestellt werden, fertig wird.

Wie schon einmal erwähnt, haben die Gedanken und die Gefühle, die wir unseren Mitmenschen entgegenbringen, eine ungeheure Kraft. Viele Dinge, die man sich nur im Geiste vorstellt, werden Wirklichkeit, und man ist dann erstaunt über diesen »Zufall«, weil man sich nicht bewußt ist, daß man das Ereignis selbst inszeniert hat. Es ist daher ausgesprochen wichtig, Gedankenhygiene zu betreiben und negative Gefühle in positive umzuwandeln. Die Grundlage für eine solche Einstellung ist, daß man sich selbst annimmt und liebt, dann ist man darauf bedacht, seinem Körper und seiner Seele keinen Schaden zuzufügen. Das wiederum hat zur Folge, daß man auch seinen Mimenschen gegenüber segensreich wirken kann.

Schluß

All diese Möglichkeiten können die Welt sicher nicht vor allem Leid und den Krankheiten bewahren. Aber es lohnt sich, auf unseren Körper horchen zu lernen und damit ihn als die Hülle unserer Seele liebevoller zu umsorgen.

Dabei können wir uns gar nicht genug öffnen für alle Verbindungen zu anderen Reflexzonen im Körper. Und entsprechend immer mehr beobachten lernen, wie alles zusammenspielt.

Über die entspannten Füße sind die Akupunktur-Meridiane gut in Fluß zu bringen und harmonisieren unsere Kräfte wunderbar.

Dann bergen die Großzehen in kleinstem Raum den ganzen Menschen in den Reflexzonen! Sie bieten ganz gezielte Möglichkeiten, den Menschen mit Wärme zu durchfluten und damit Wohlbehagen und Freude auszulösen. Ihre Wirkung erfaßt vor allem die sogenannten psychosomatischen Beschwerden.

Aber auch in den Händen finden sich diese Zonen mit etwas mehr geistiger Ausrichtung, die zum körperlichen Wohl aber ebenso verhilft.

Die Ohren wirken auf den ganzen Körper zum Beispiel über die Ohrakupunktur. Sie symbolisieren den Embryo. Auch über Fingerdruck läßt sich so auf den ganzen Menschen einwirken.

Die Nase übernimmt schon vom Atem her einen entscheidenden Einfluß, und es ist bedeutungsvoll, daß sie im freien Fluß Lebensenergie weiter gibt. Dies nicht nur in die Atemorgane, sondern in den ganzen Körper. Ein Massieren dieser Reflexzonen wirkt öffnend für jeden Menschen.

Die Augen sind nicht nur Spiegel der Seele, sondern über die Irisdiagnose auch des Körpers. Sie werden über alle andern Reflexe belebt und brauchen deren Impulse, um ihre sensible Arbeit tun zu können.

Die Gesichtsmassage wirkt auf unsere Schönheit vor allem durch die Anregung der Reflexzonen und Akupunkturbahnen zu den Organen und damit regenerierend aufs Gesicht zurück. Schwierigkeiten in einzelnen Organen sind hier ebenso zu lesen wie auch Erleichterung zu erreichen.

Natürlich gehört auch der Hinterkopf dazu; dies erklärt unser Wohlgefühl bei kräftigem Haarewaschen, oder daß wir in brenzligen Situationen gerne am Kopf kratzen.

Die Halswirbelsäule hat auf kleinstem Raum Zugang zum ganzen Körper, ebenso wie unser Rücken.

Massagen – Akurpressur – oder Atemarbeit lösen Verspannungen, bringen Lebensenergie zum Fließen und führen damit zum Heil-Sein.

Auch Arme und Beine verbinden besonders über die Meridiane mit dem ganzen Körper. Die Gelenke sind dabei oft hemmend und entsprechend schmerzhaft. Es ist sehr wichtig, diese Stauungen aufzulösen.

Die »Metamorphose-Therapie« ermöglicht über die Füße ein gefühlsmäßiges Erleben vorgeburtlicher Zeiten. Sie verbindet Vergangenes und Zukünftiges im Erkennen unserer Lebensaufgabe.

Als Krönung dieses subtilen Zusammenspiels wirken die Chakren auch am Fuß. Sie schaffen Verbindungen zur Ur-Energie und sind entscheidend für unsere geistige Entwicklung, unsere Bestimmung hier auf Erden.

Aus dankbarem Staunen über diese sehr praktischen und fühlbaren Erfahrungen, die so deutlich ineinander wirken, gebe ich dies Buch in Ihre Hände.

Wenn es ein Ahnen über die Zusammenhänge in Zeit und Raum weckt, freue ich mich von Herzen.

Für weitere Information wenden Sie sich bitte an die Autorin:

Ingeborg Steiner, Bäumlisackerweg 10
CH-3274 Merzlingen, Schweiz